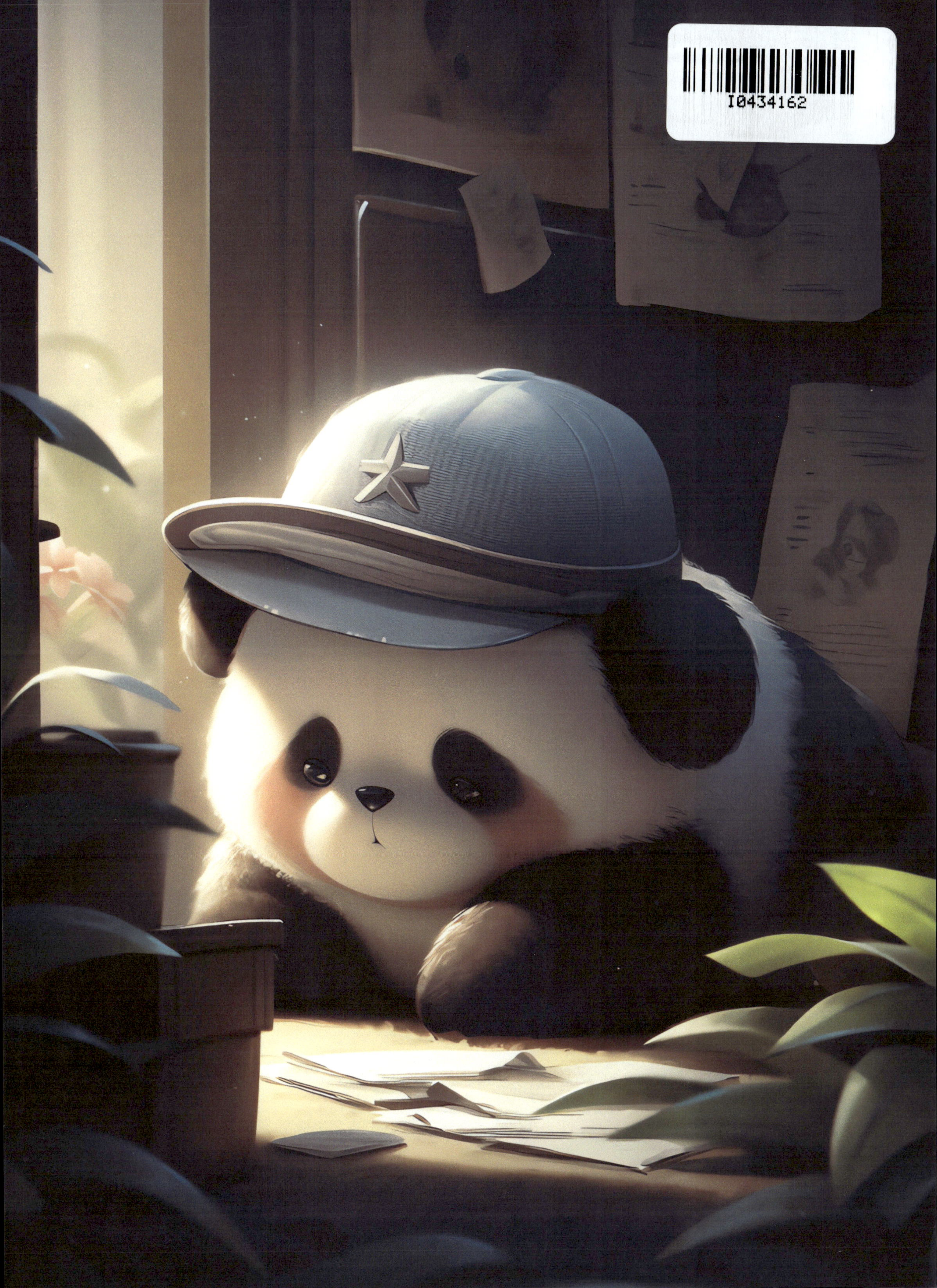

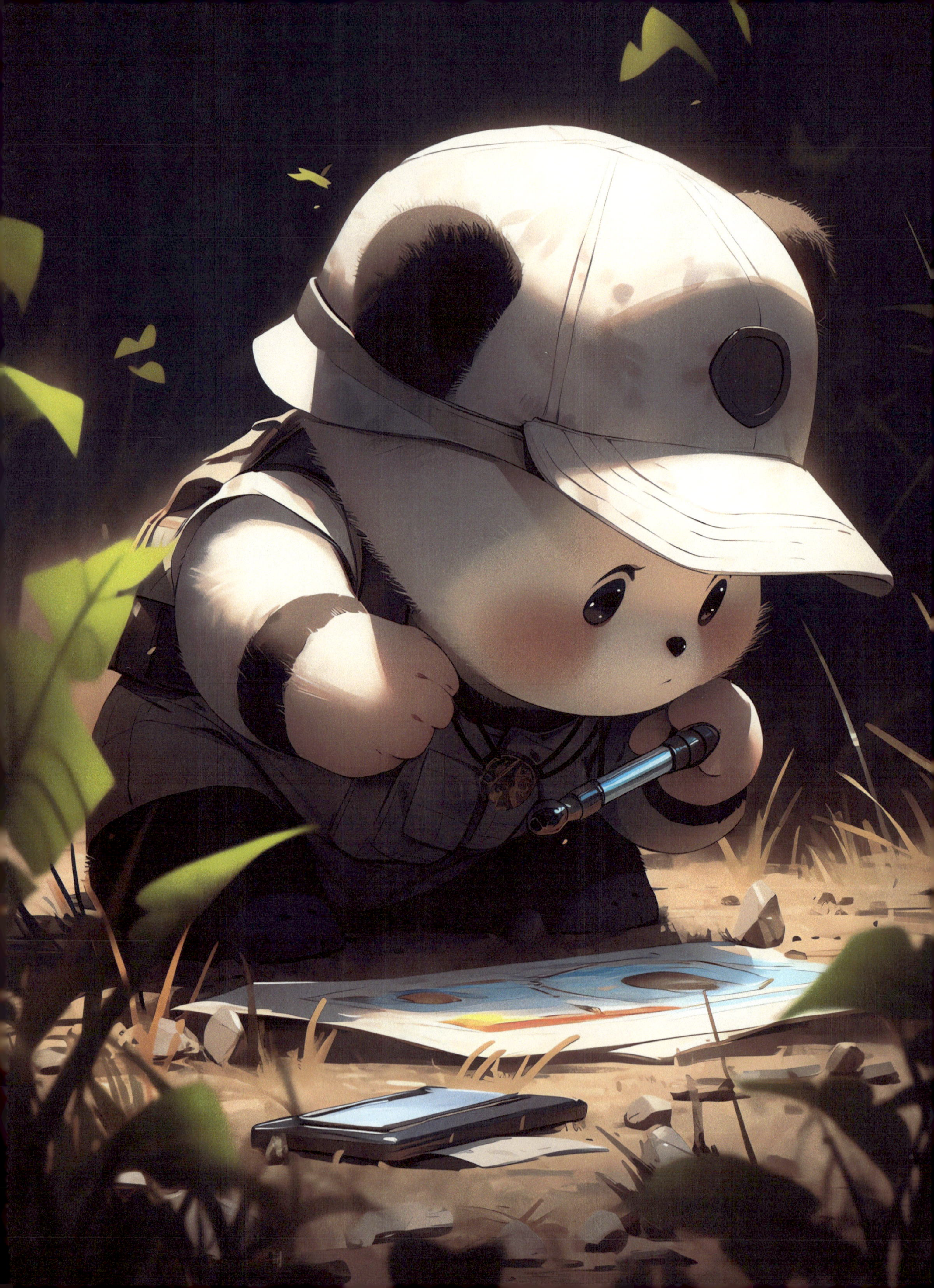

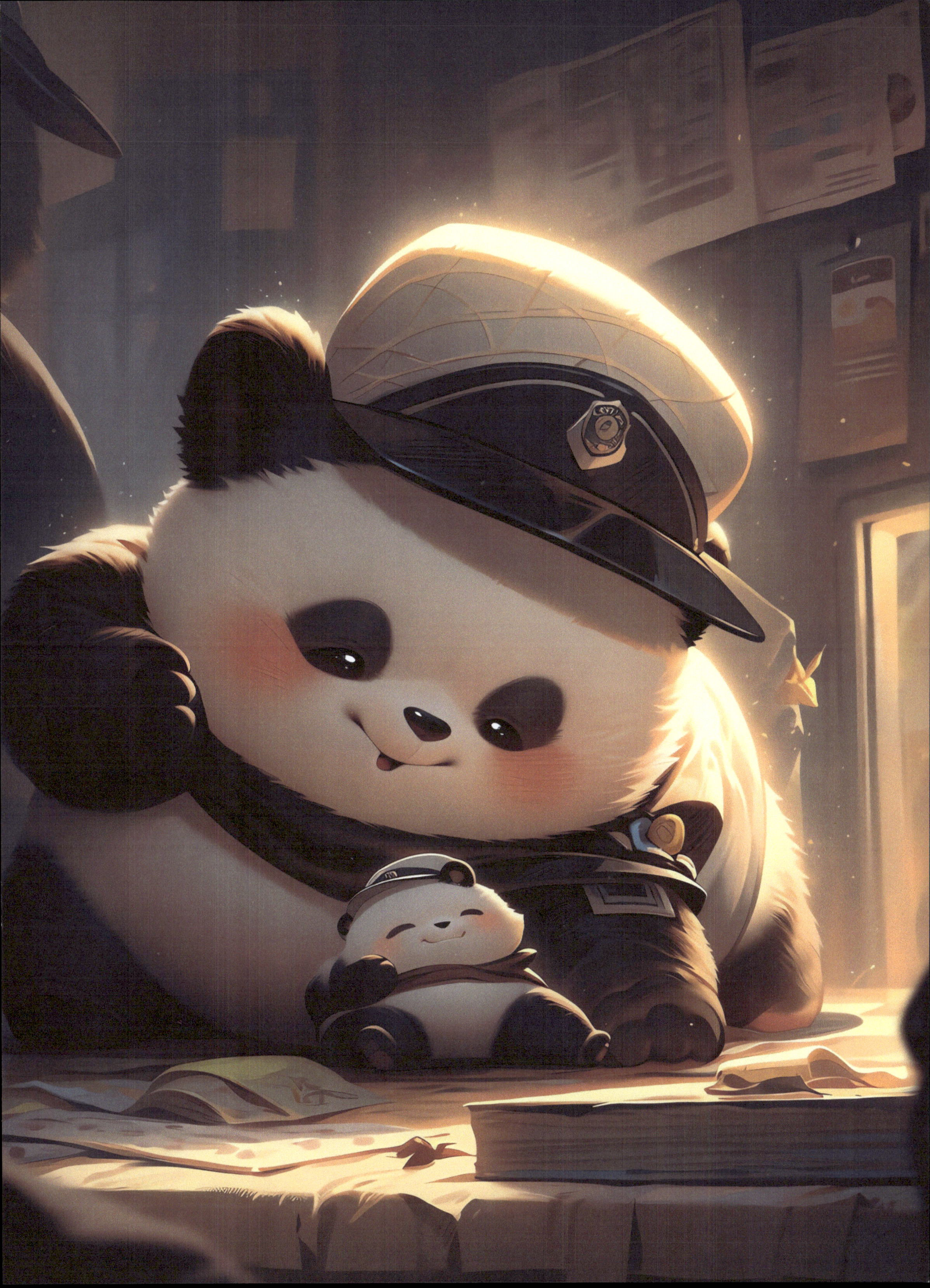

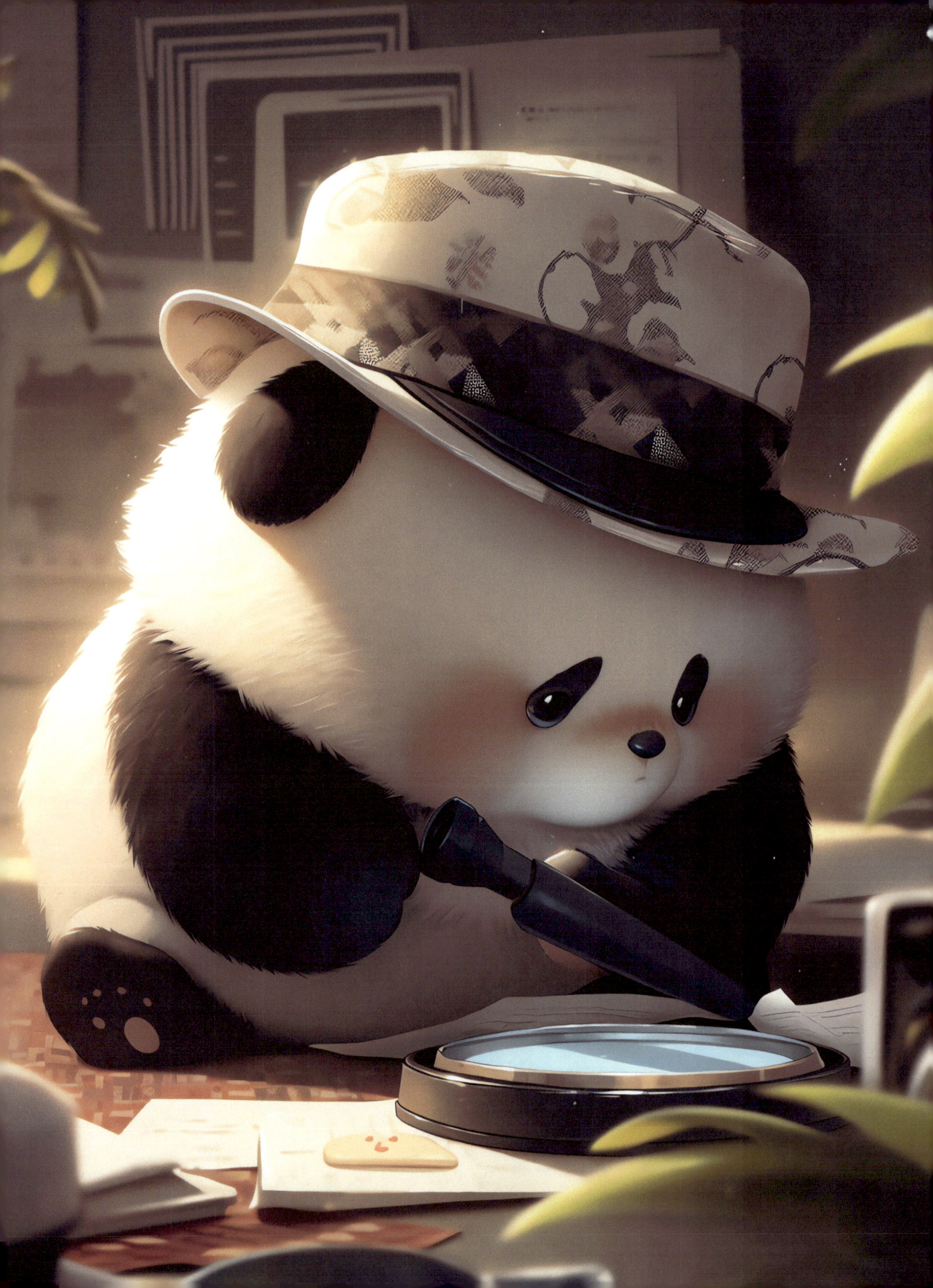

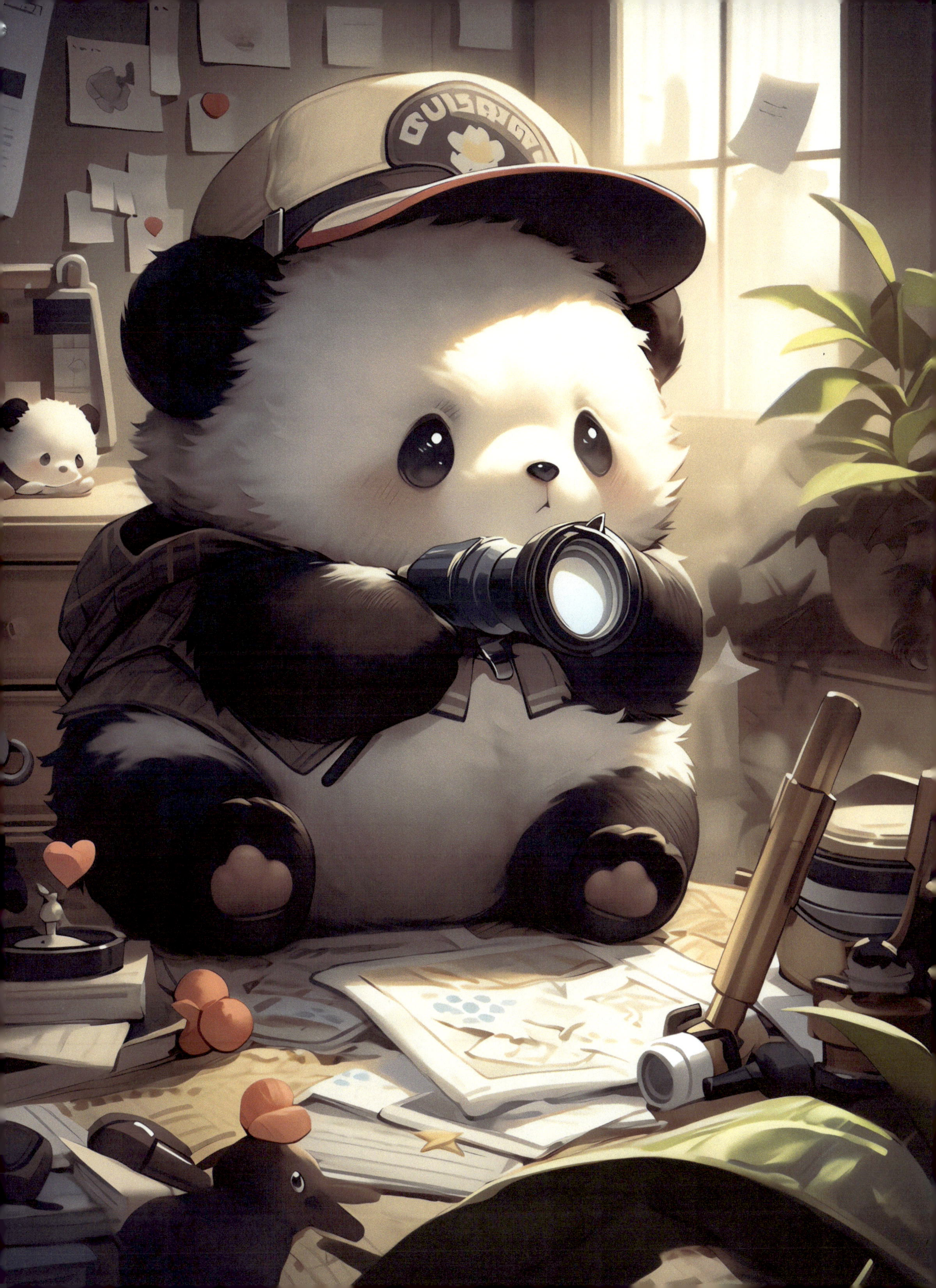

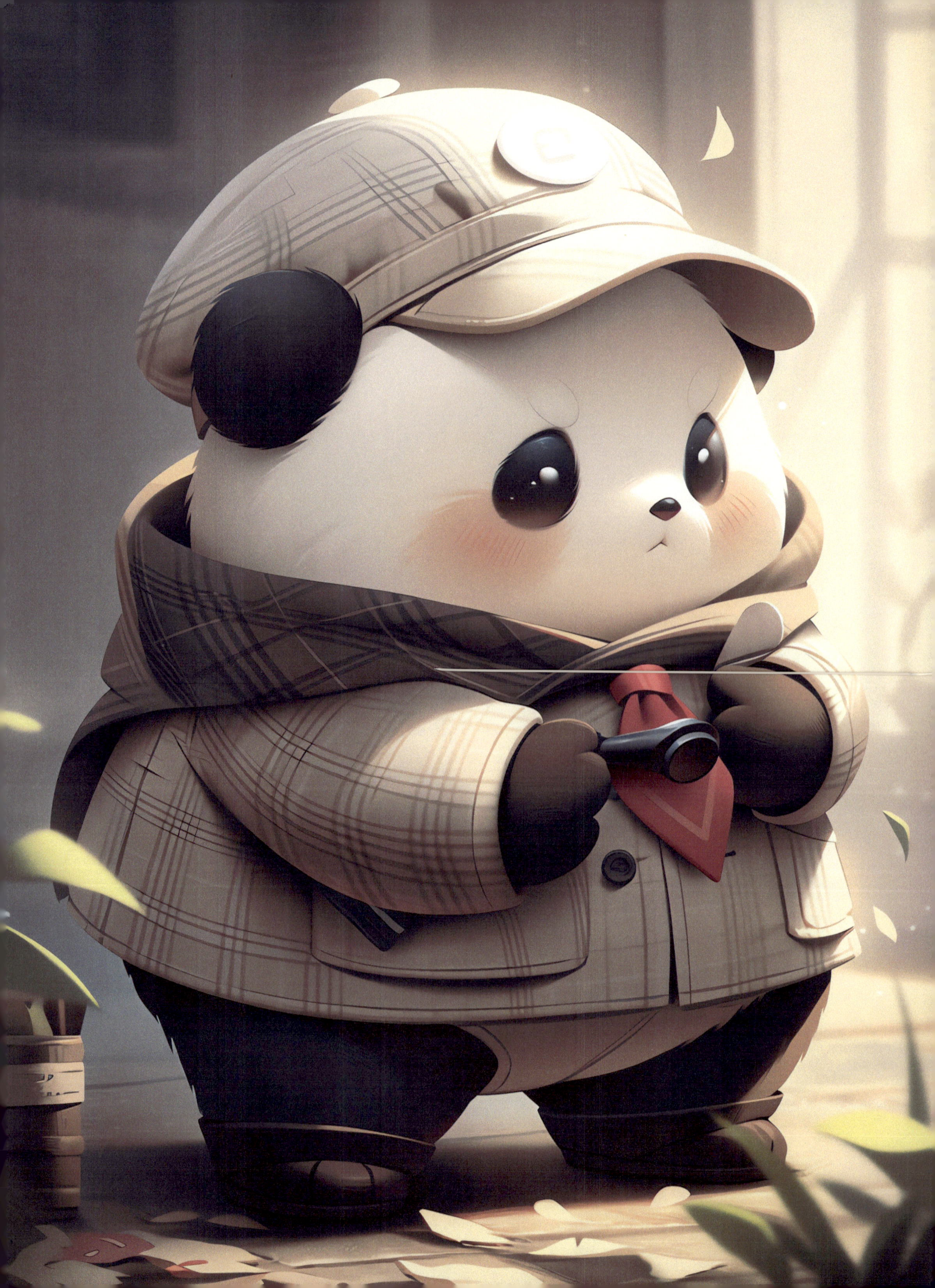

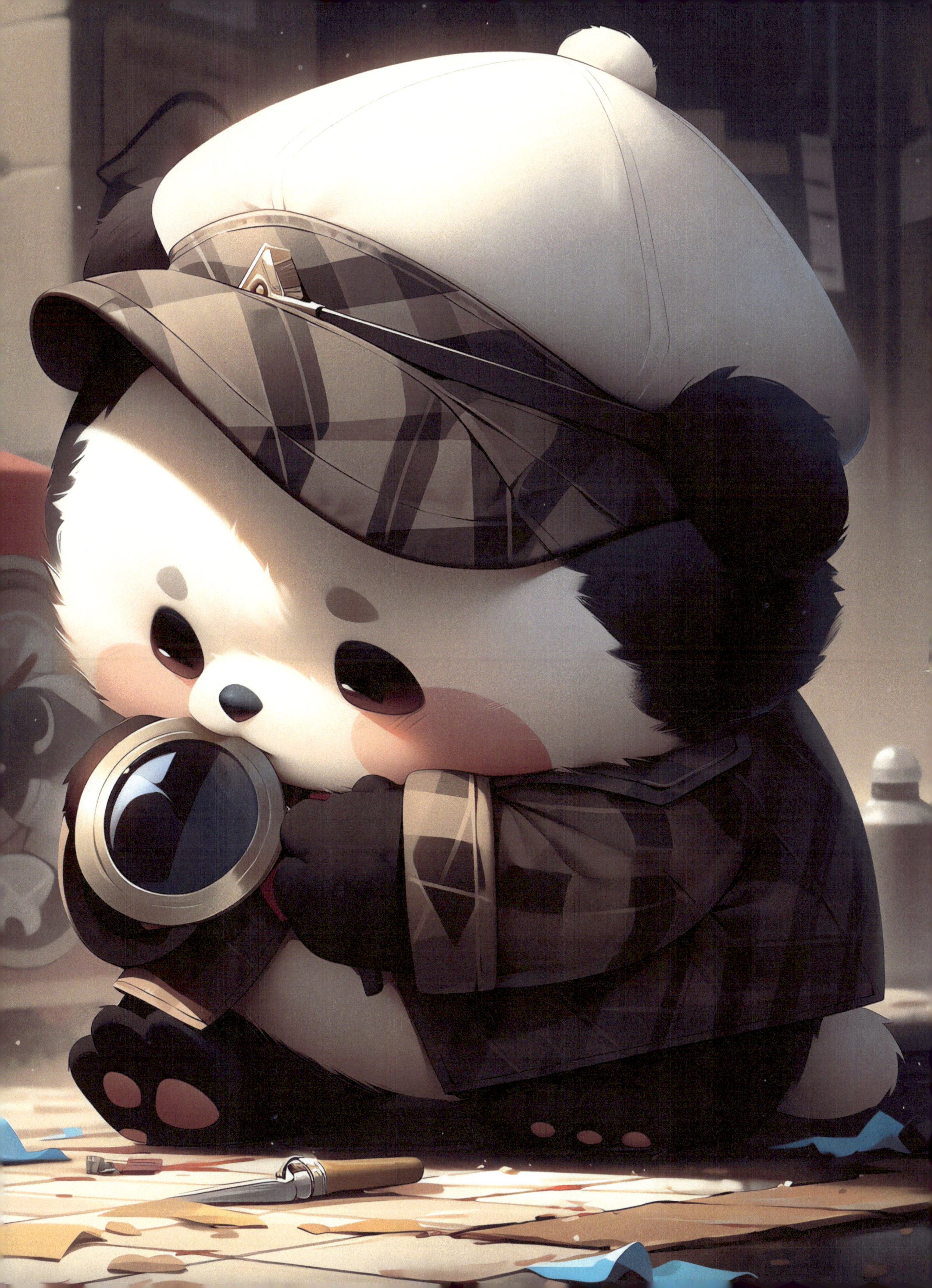

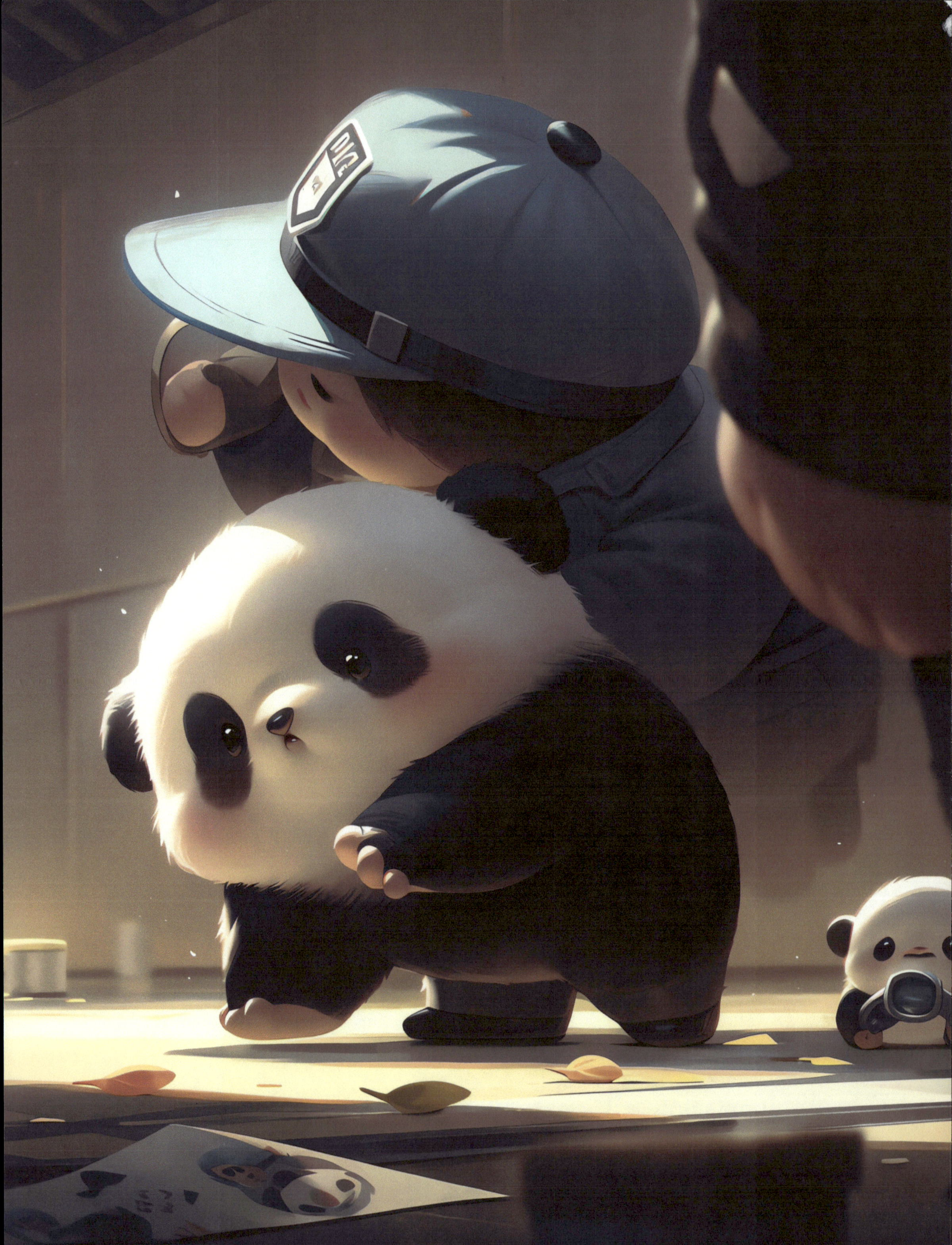

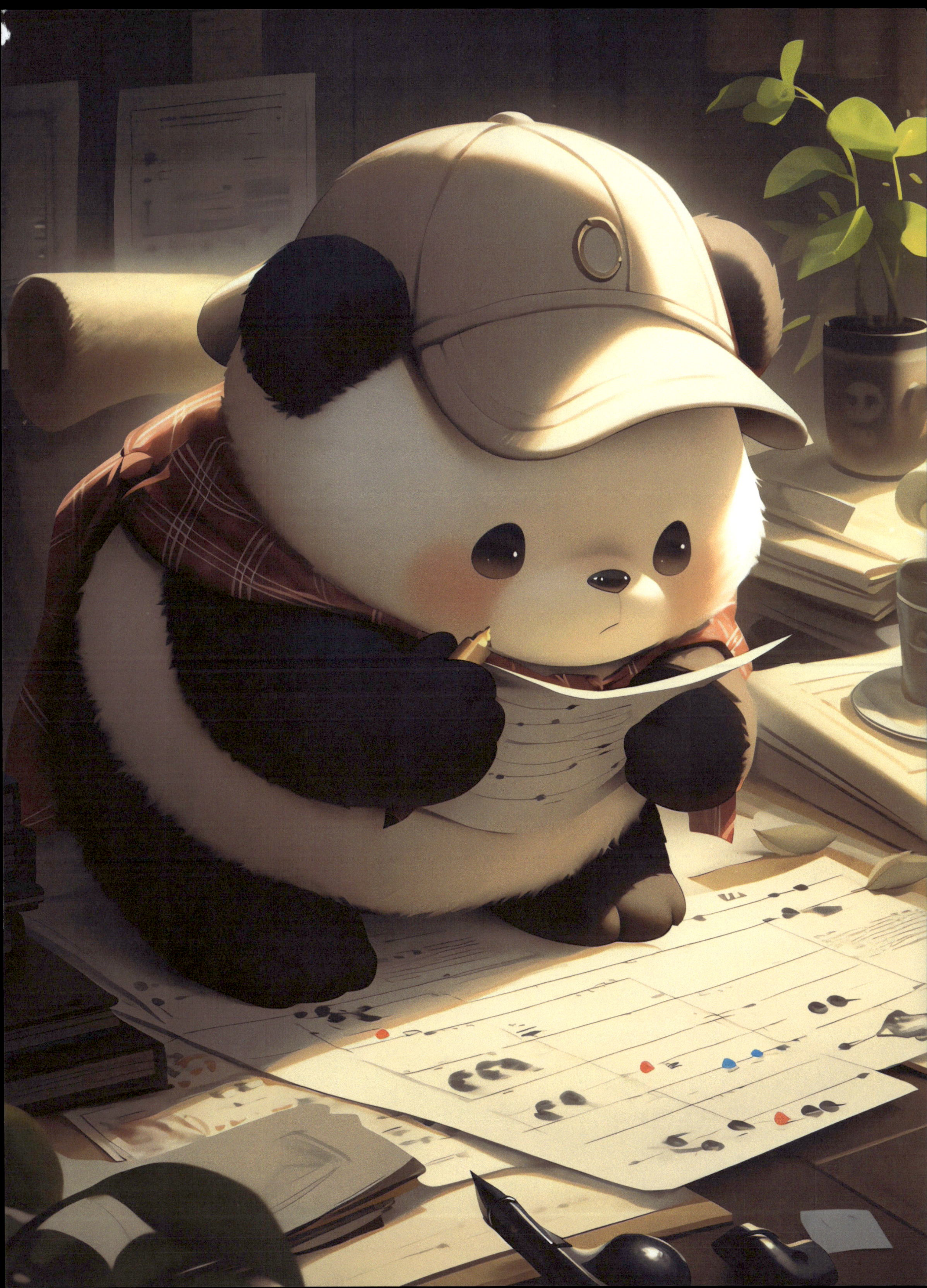

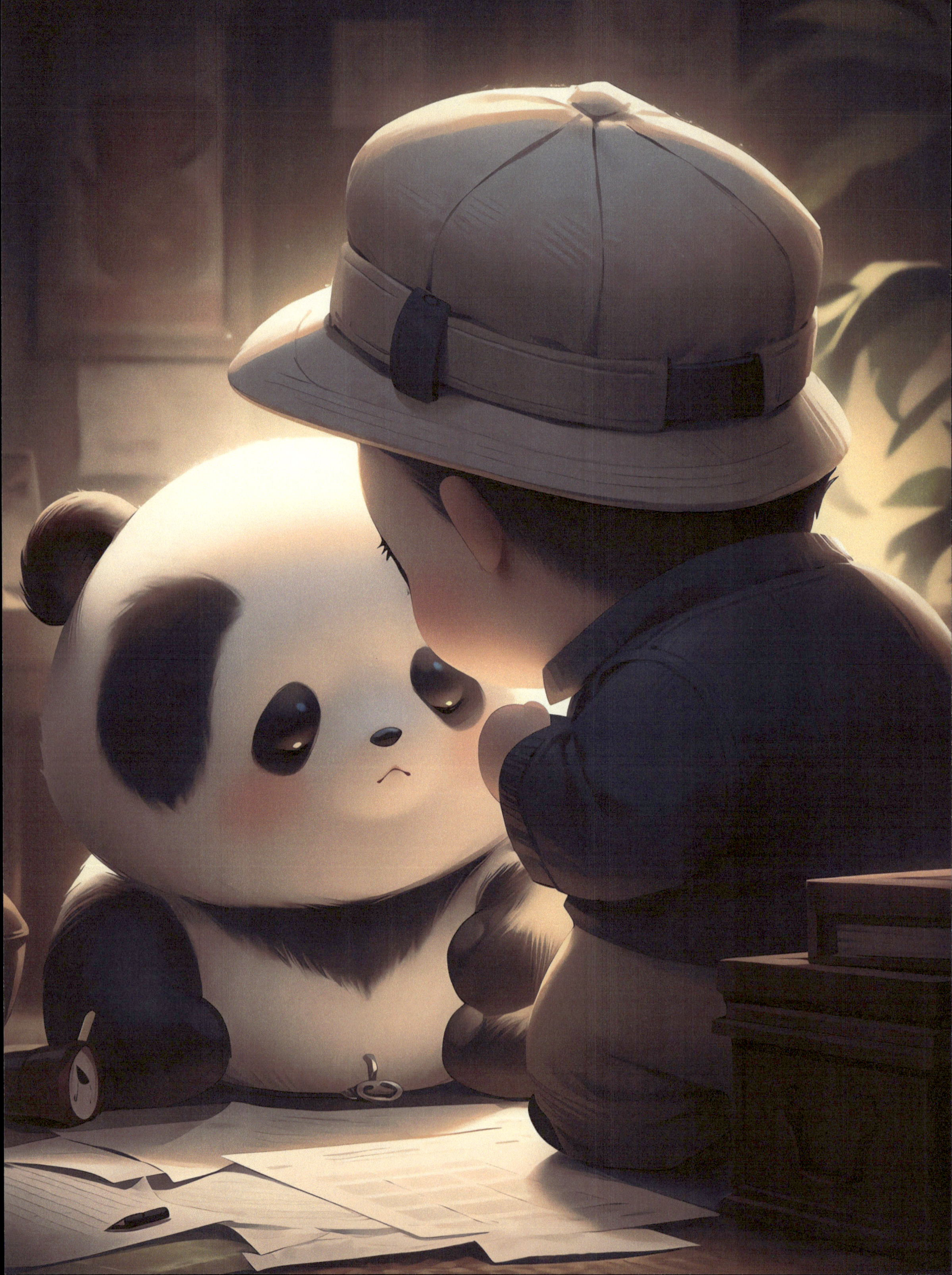

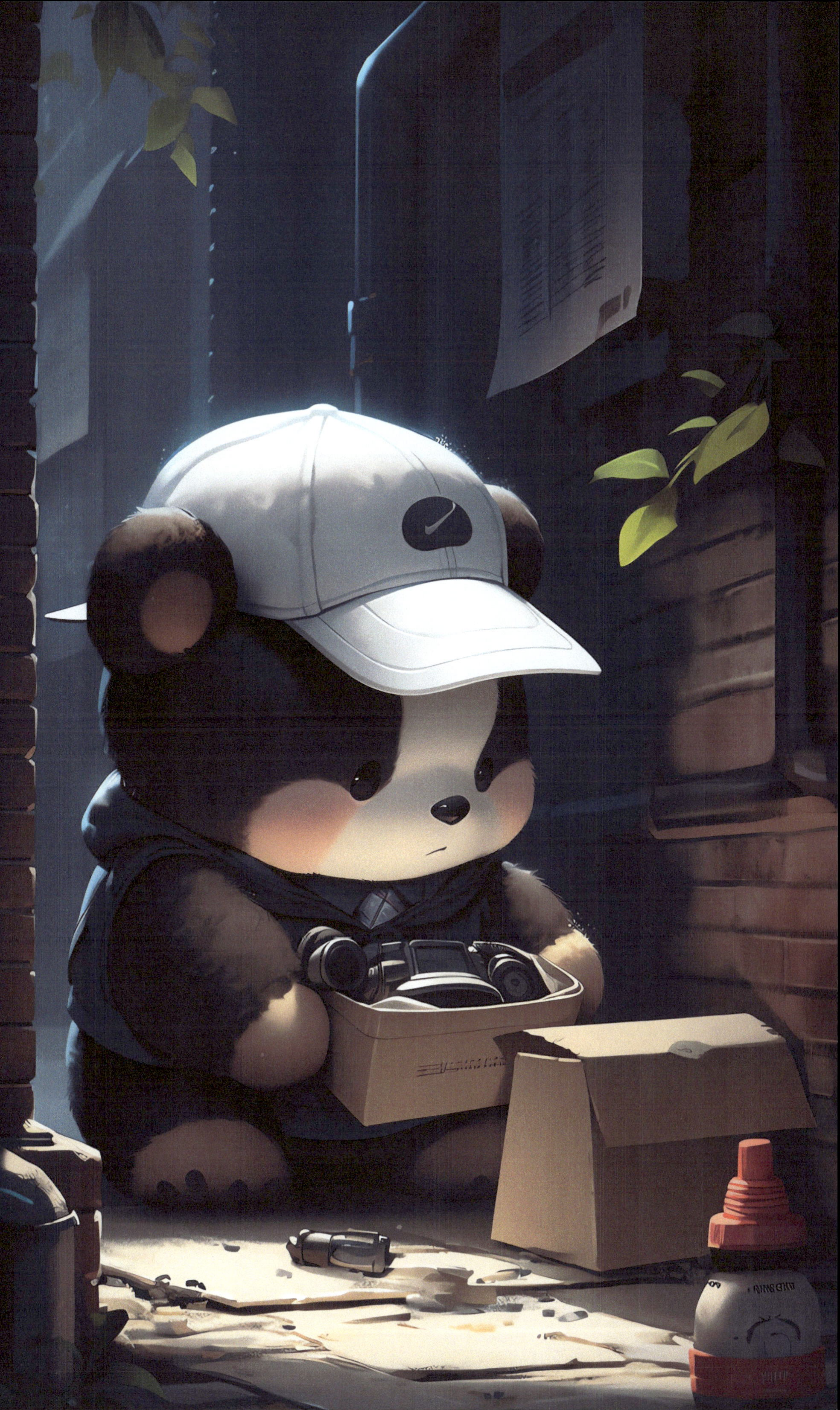

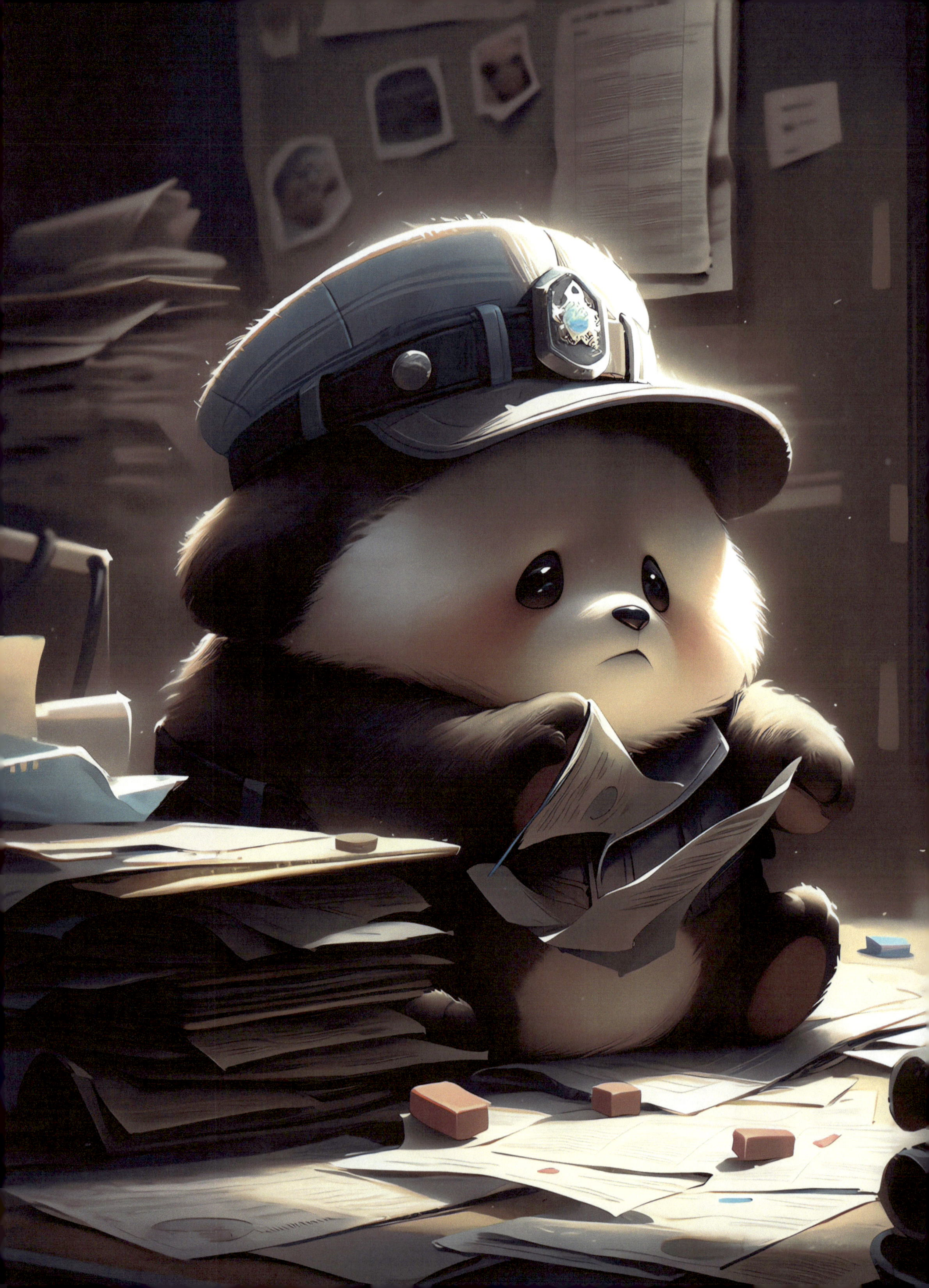

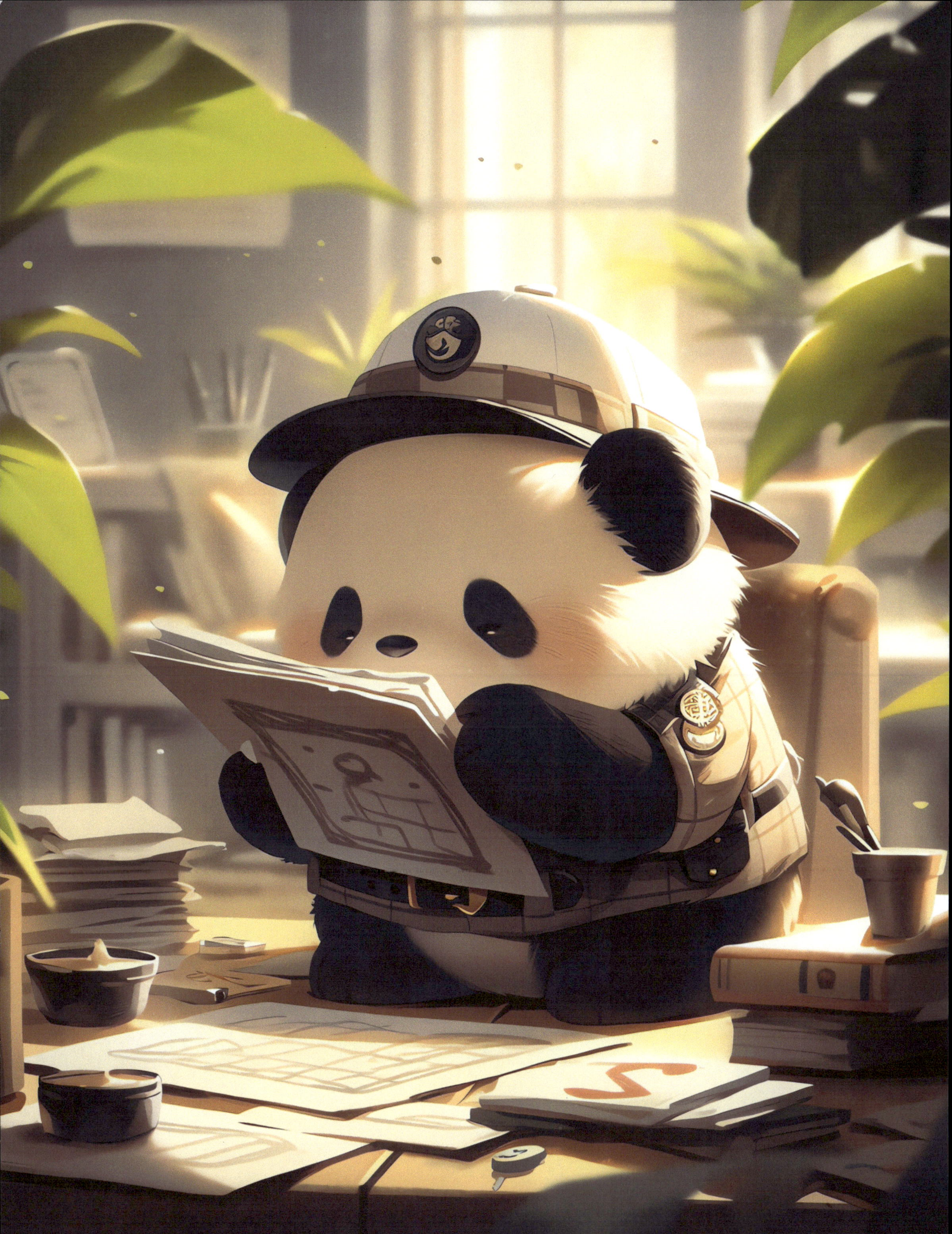

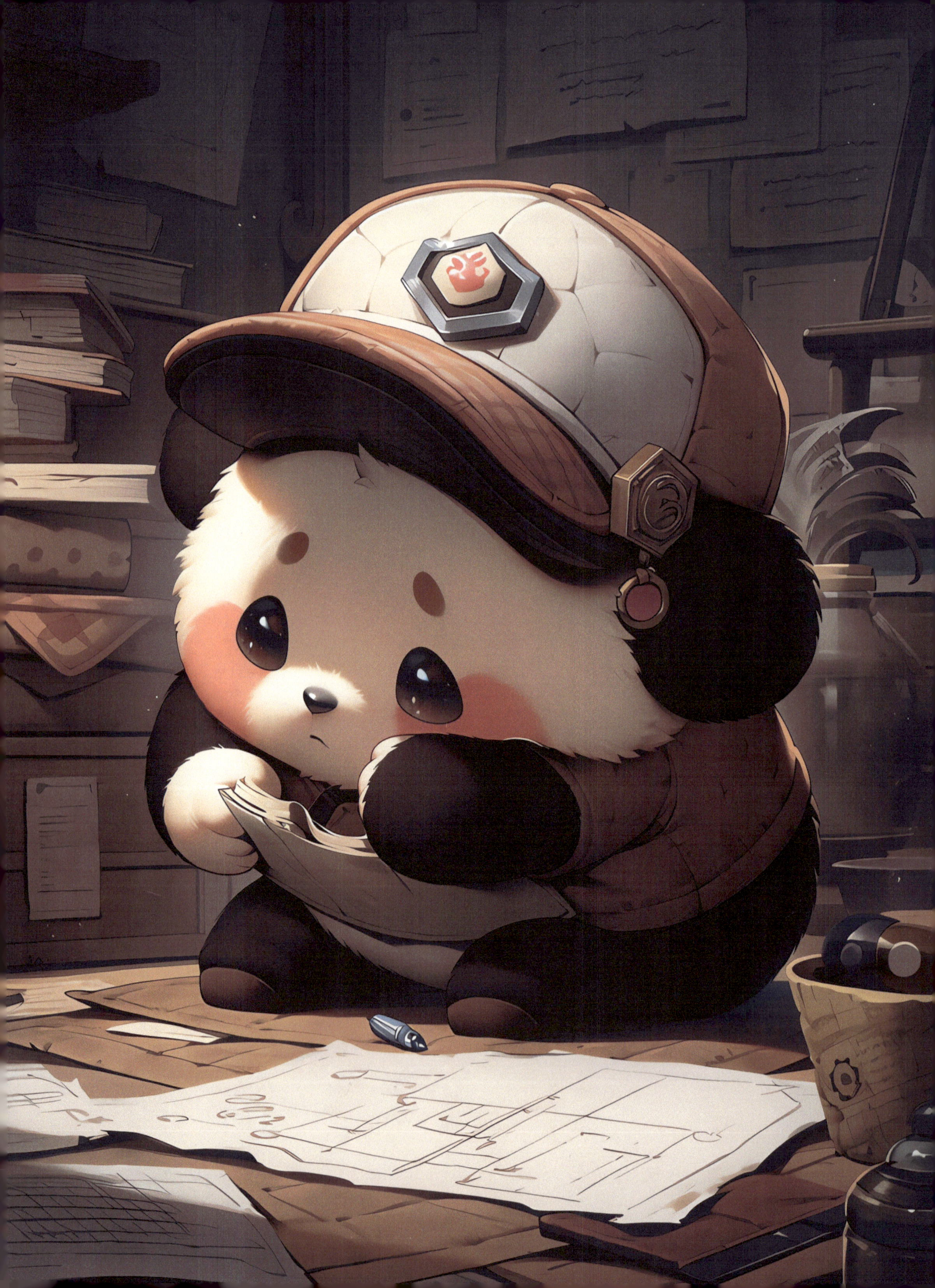

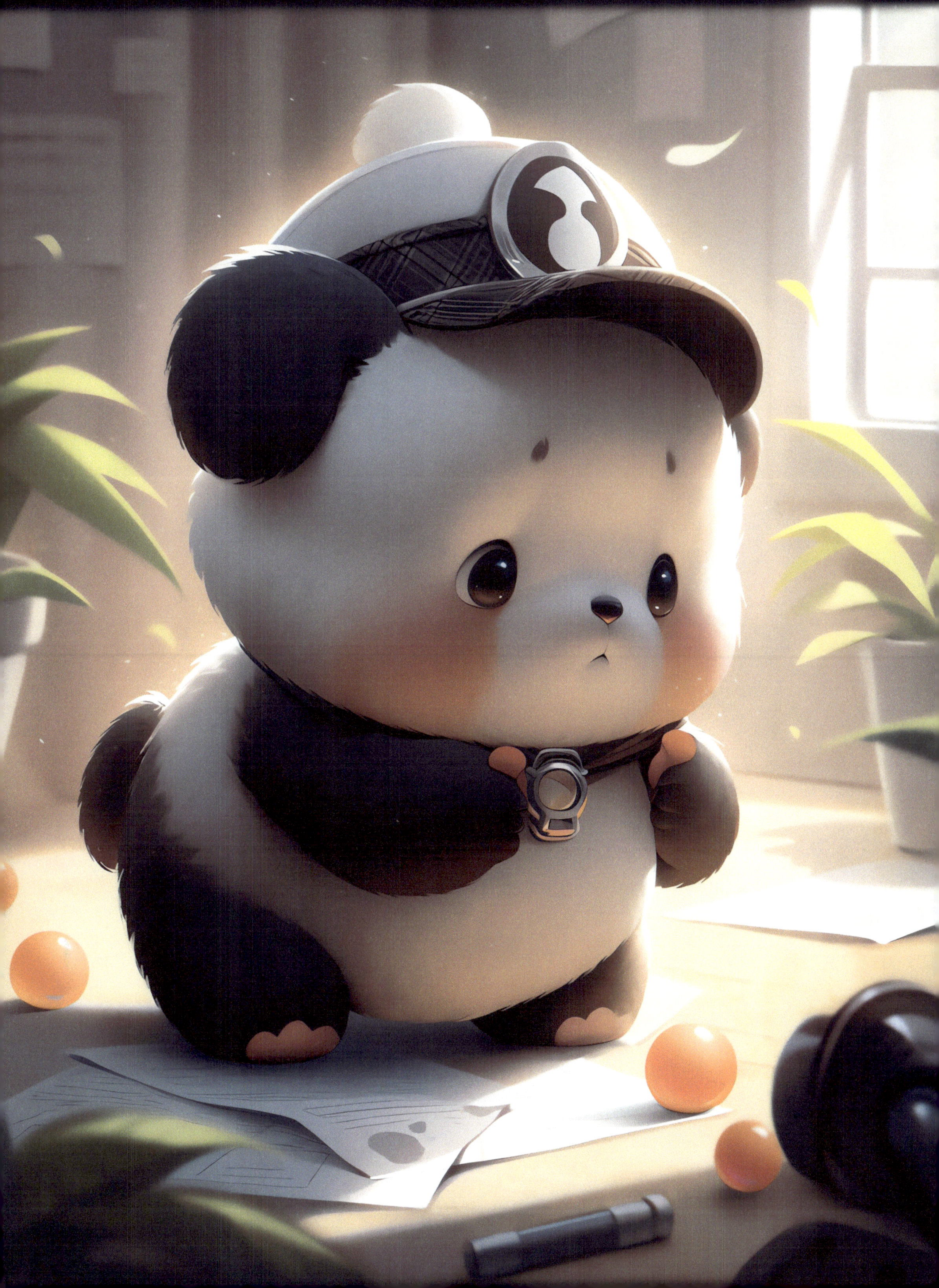

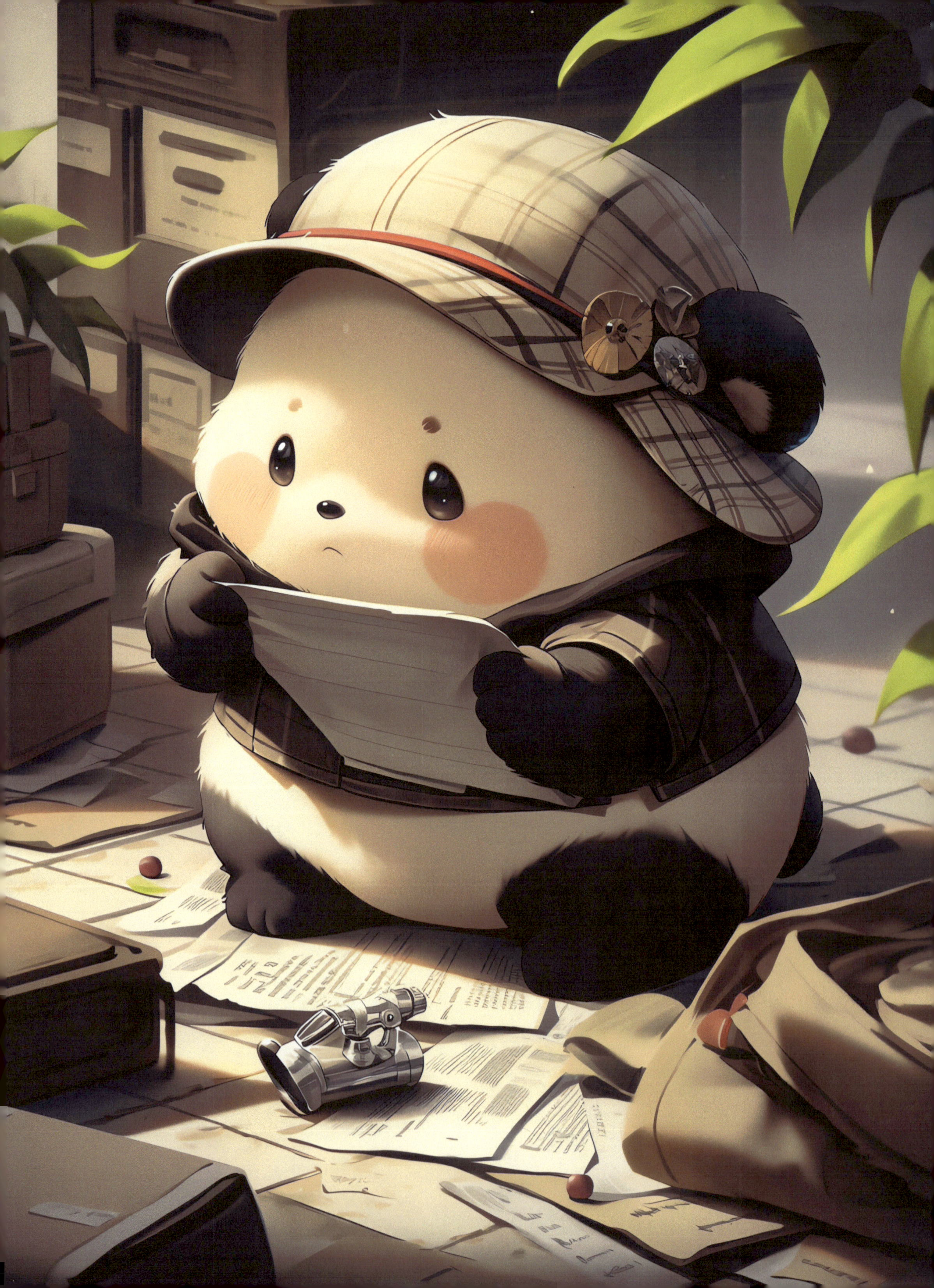

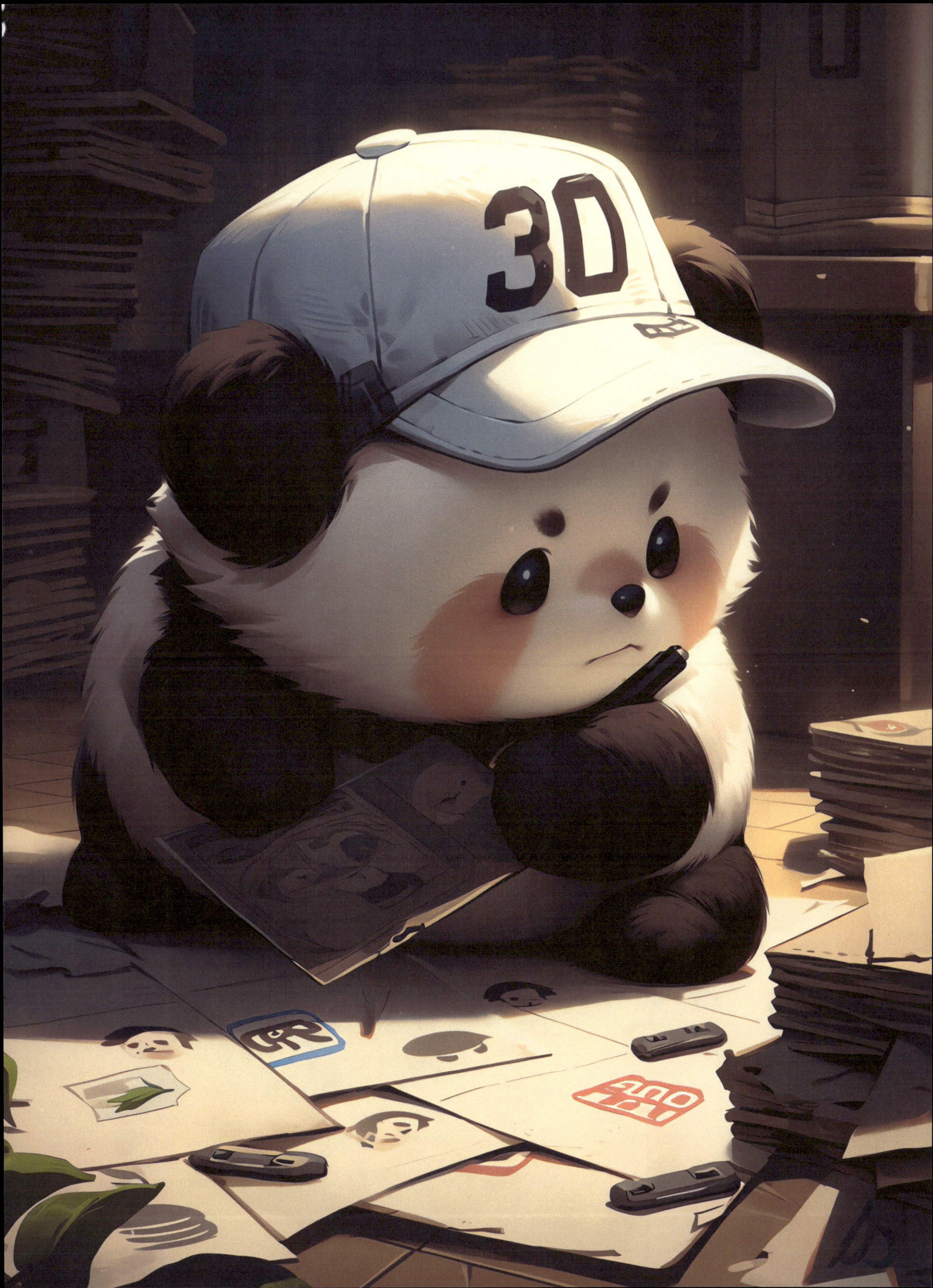
3D

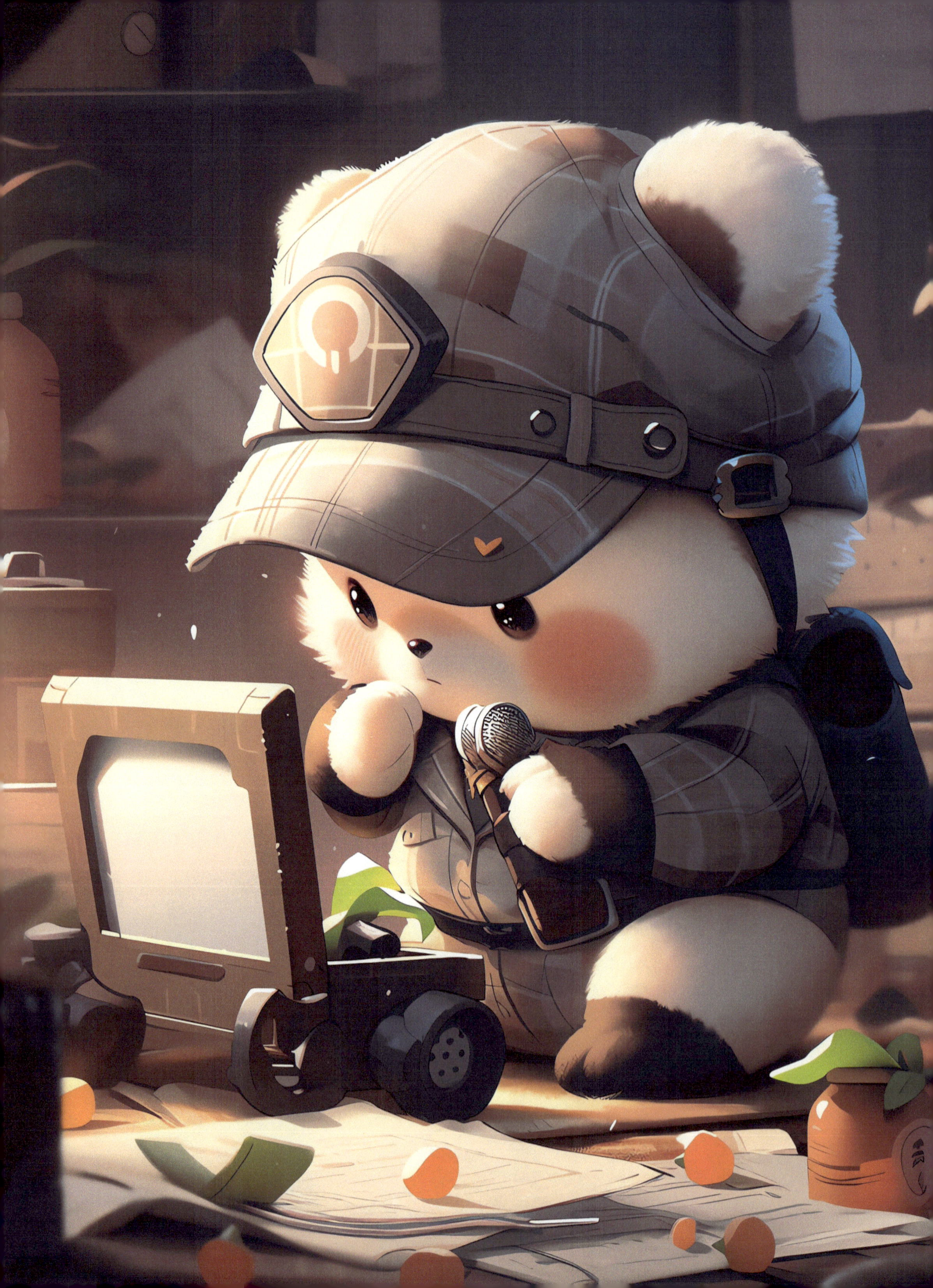

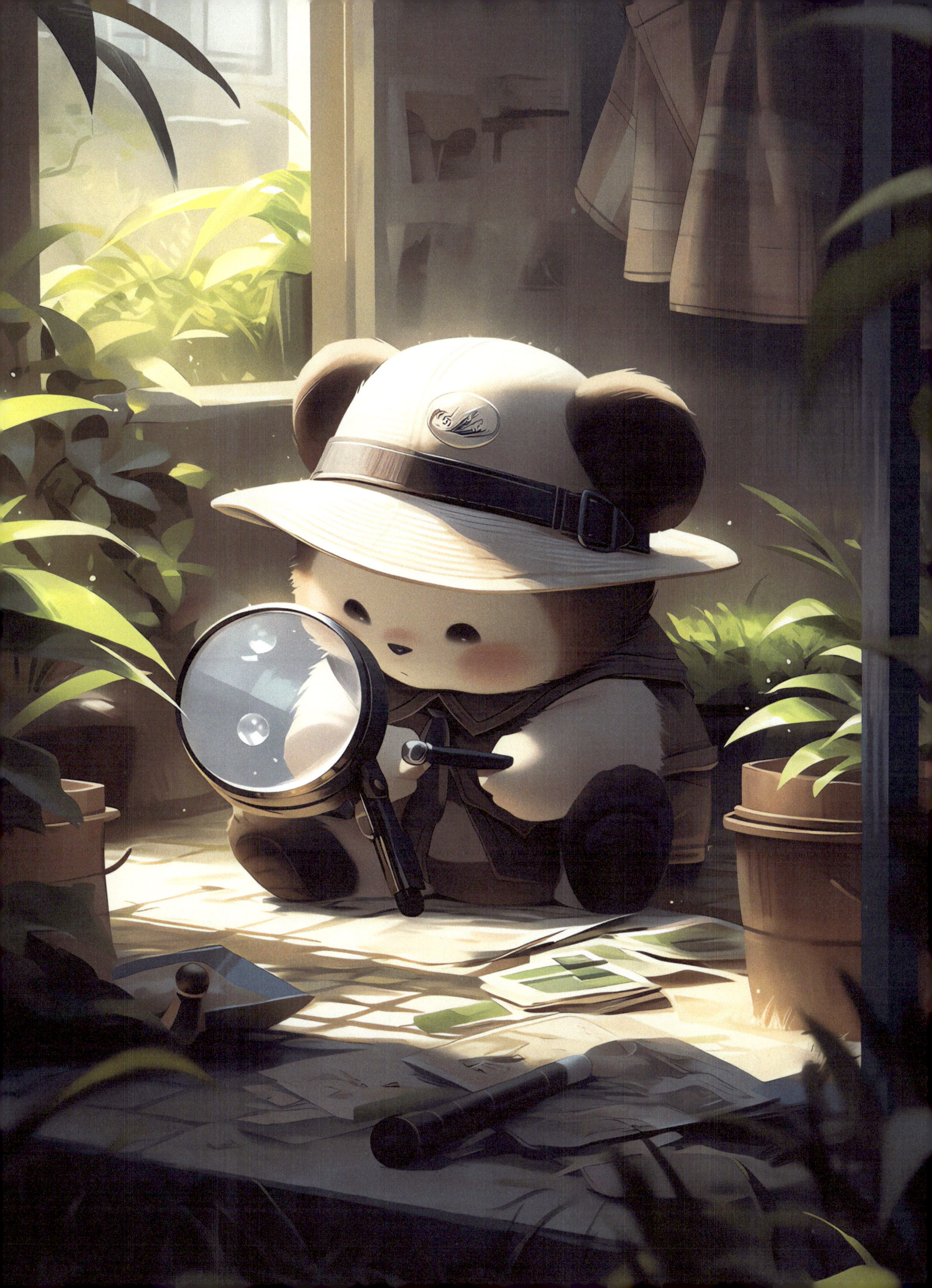

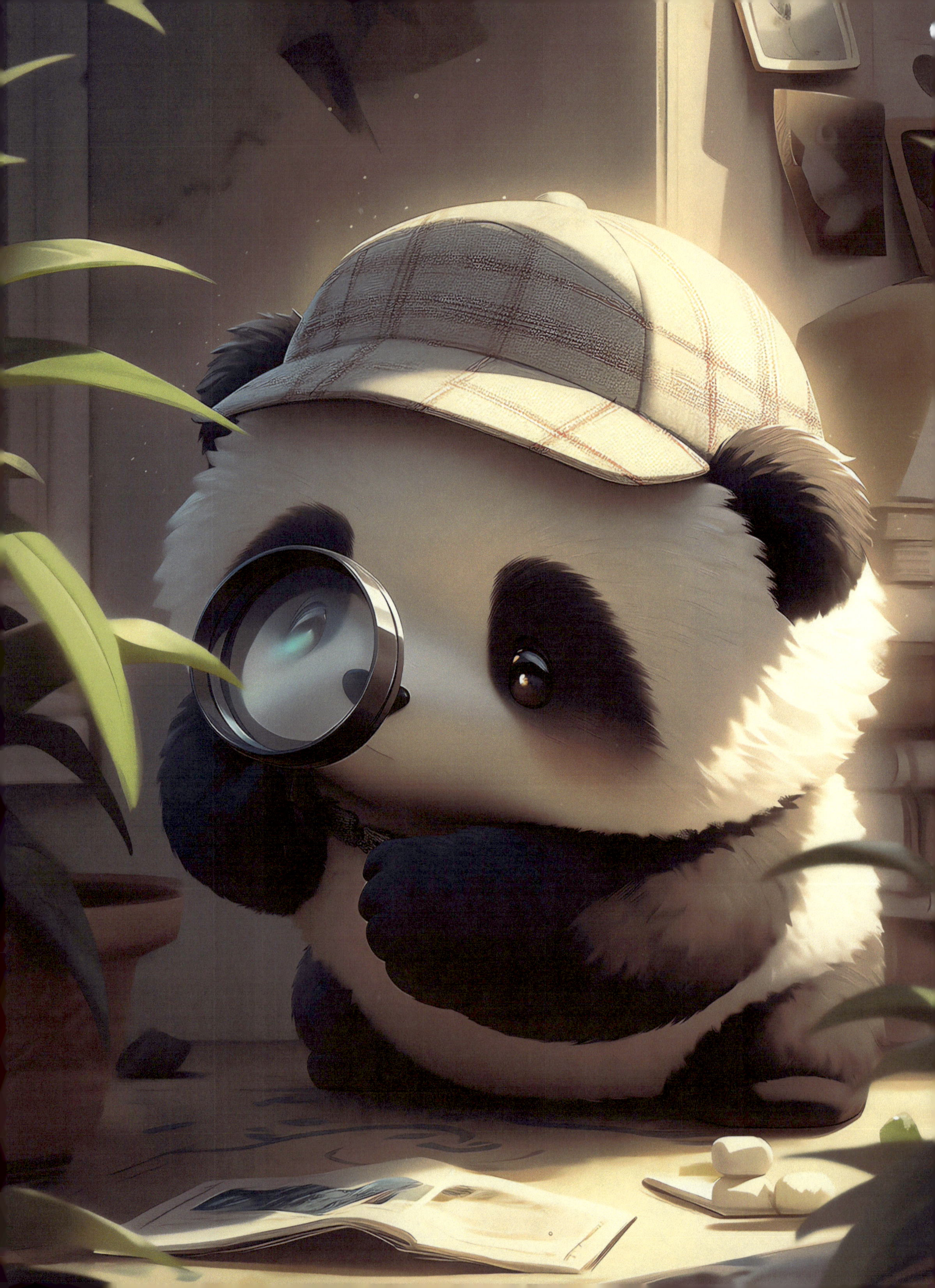

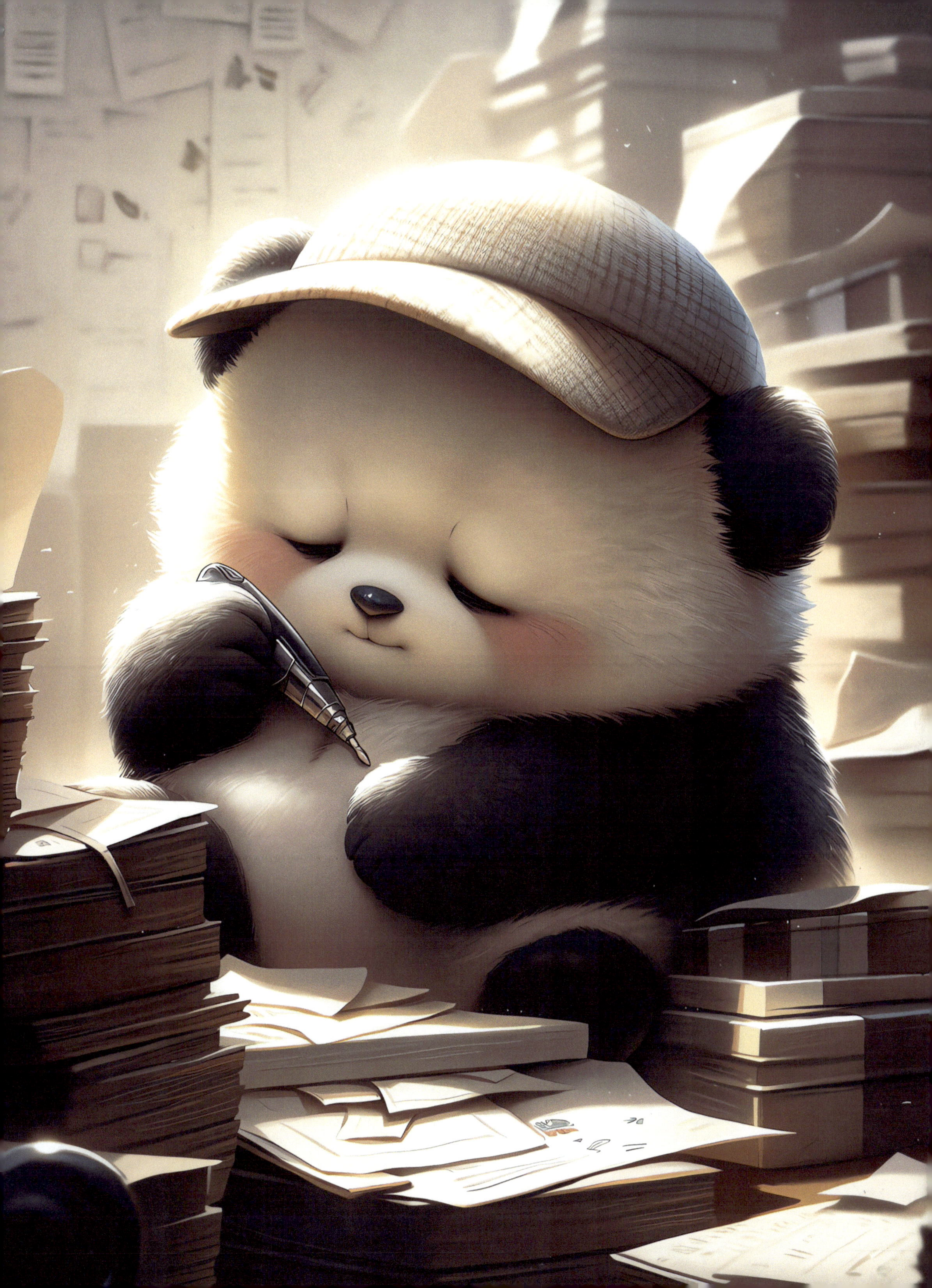

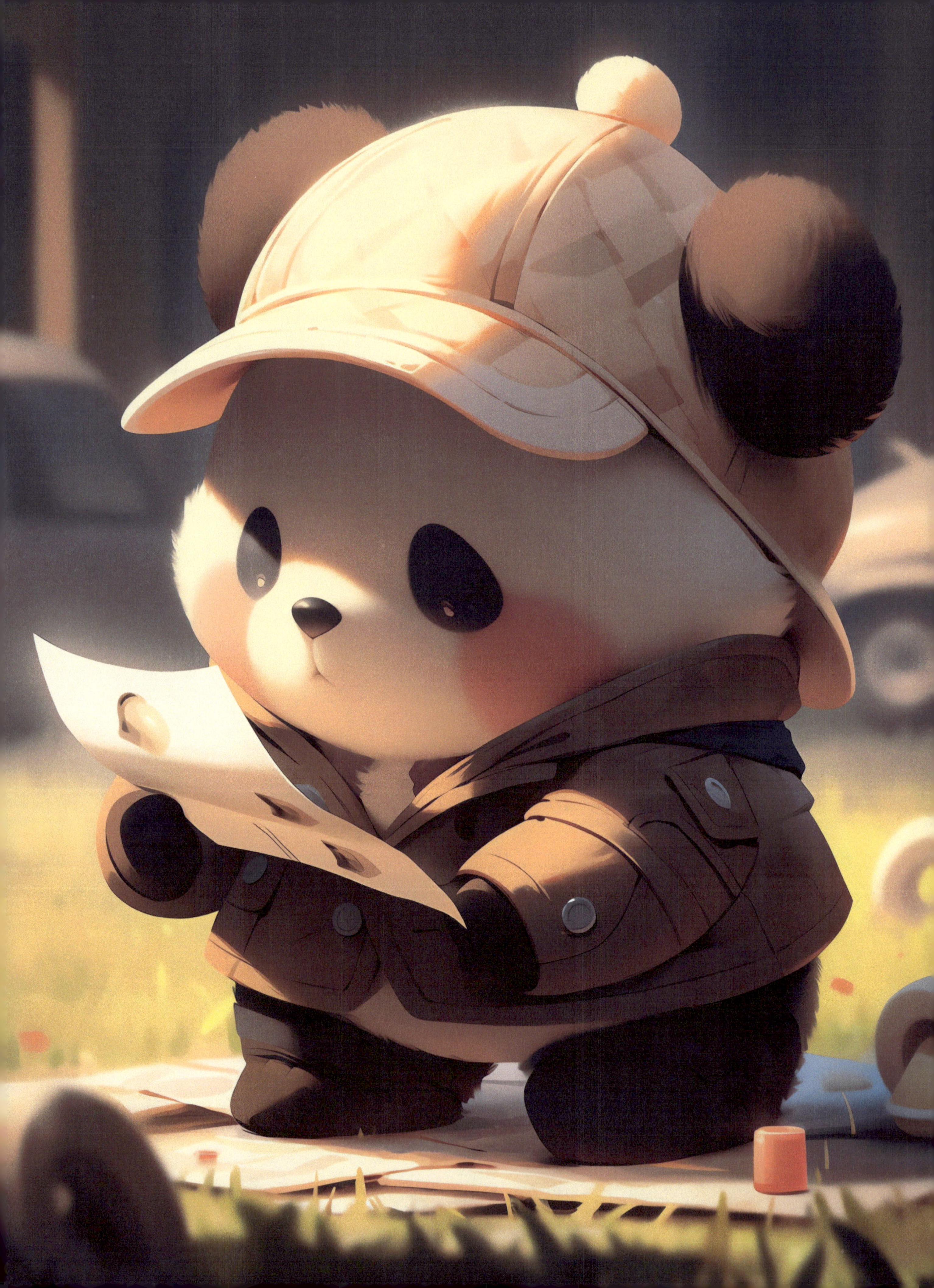

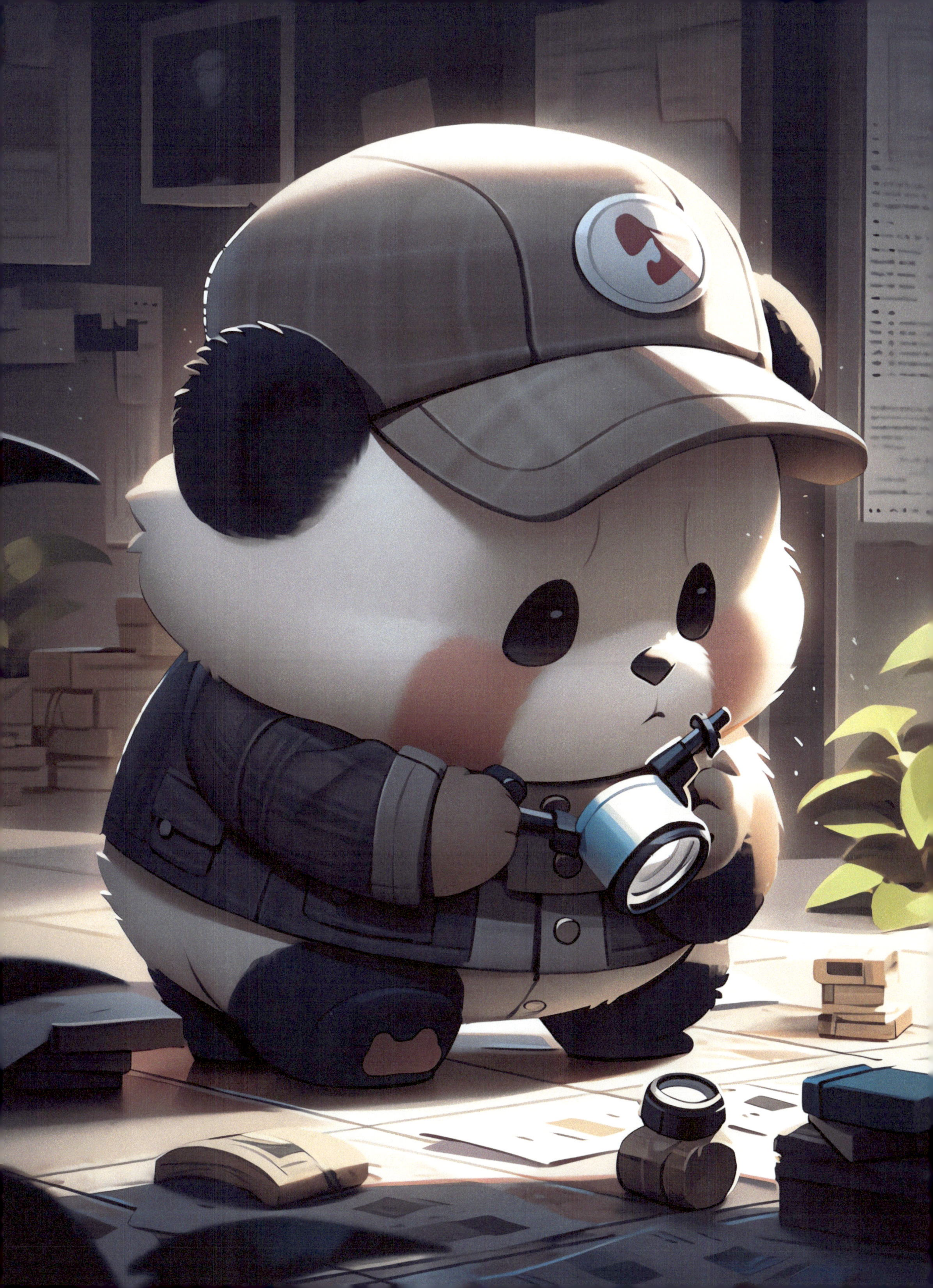

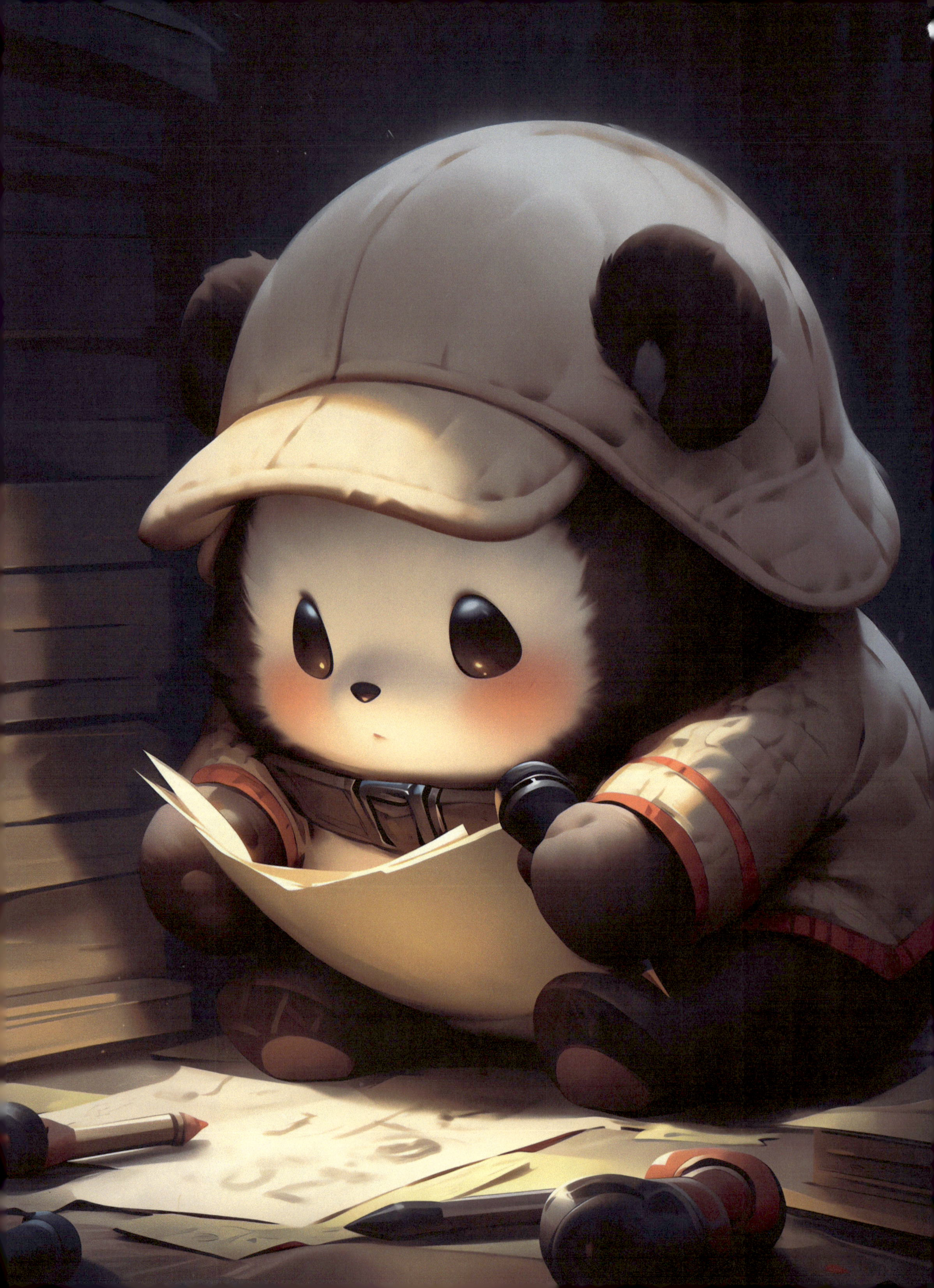

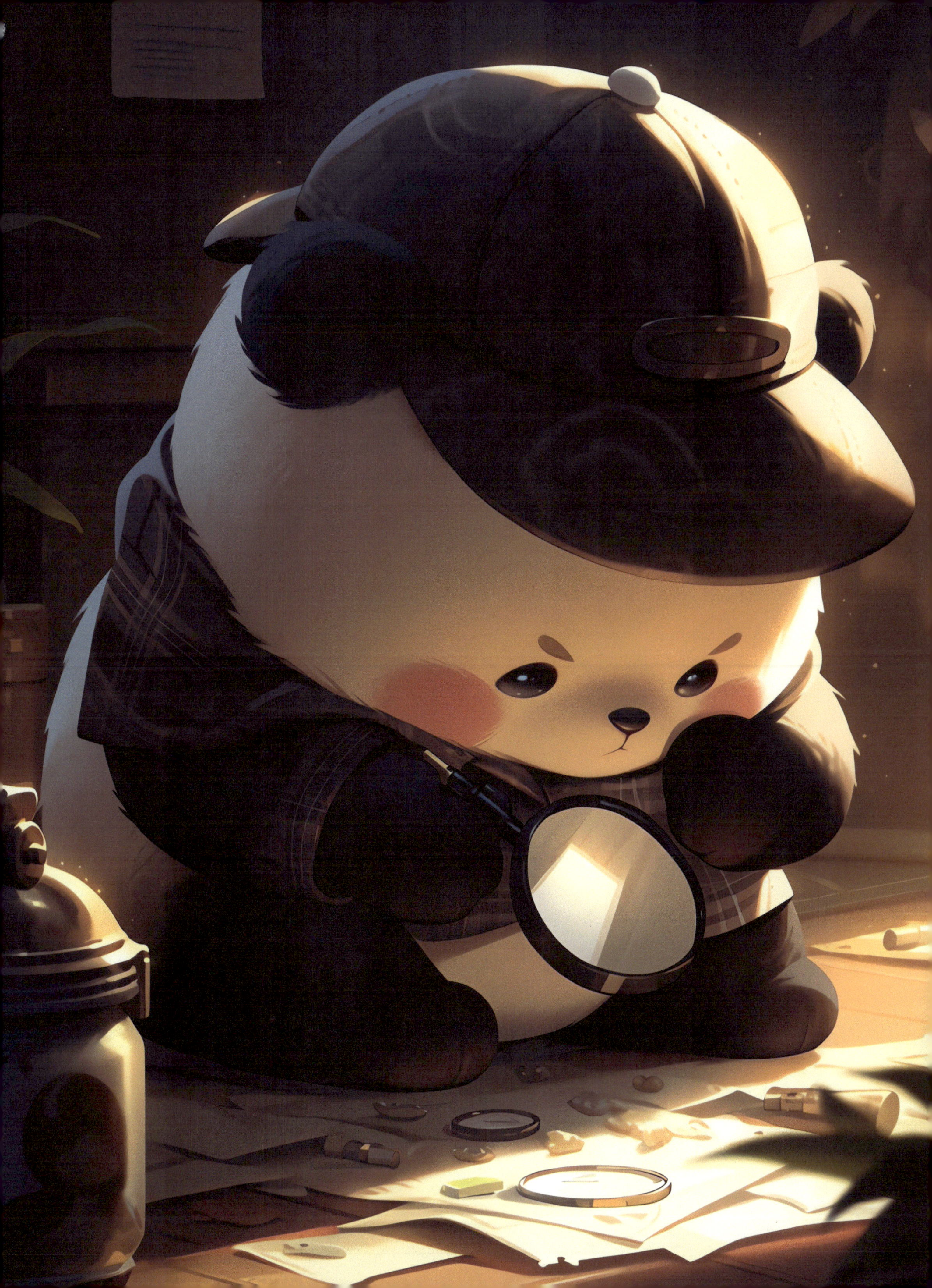

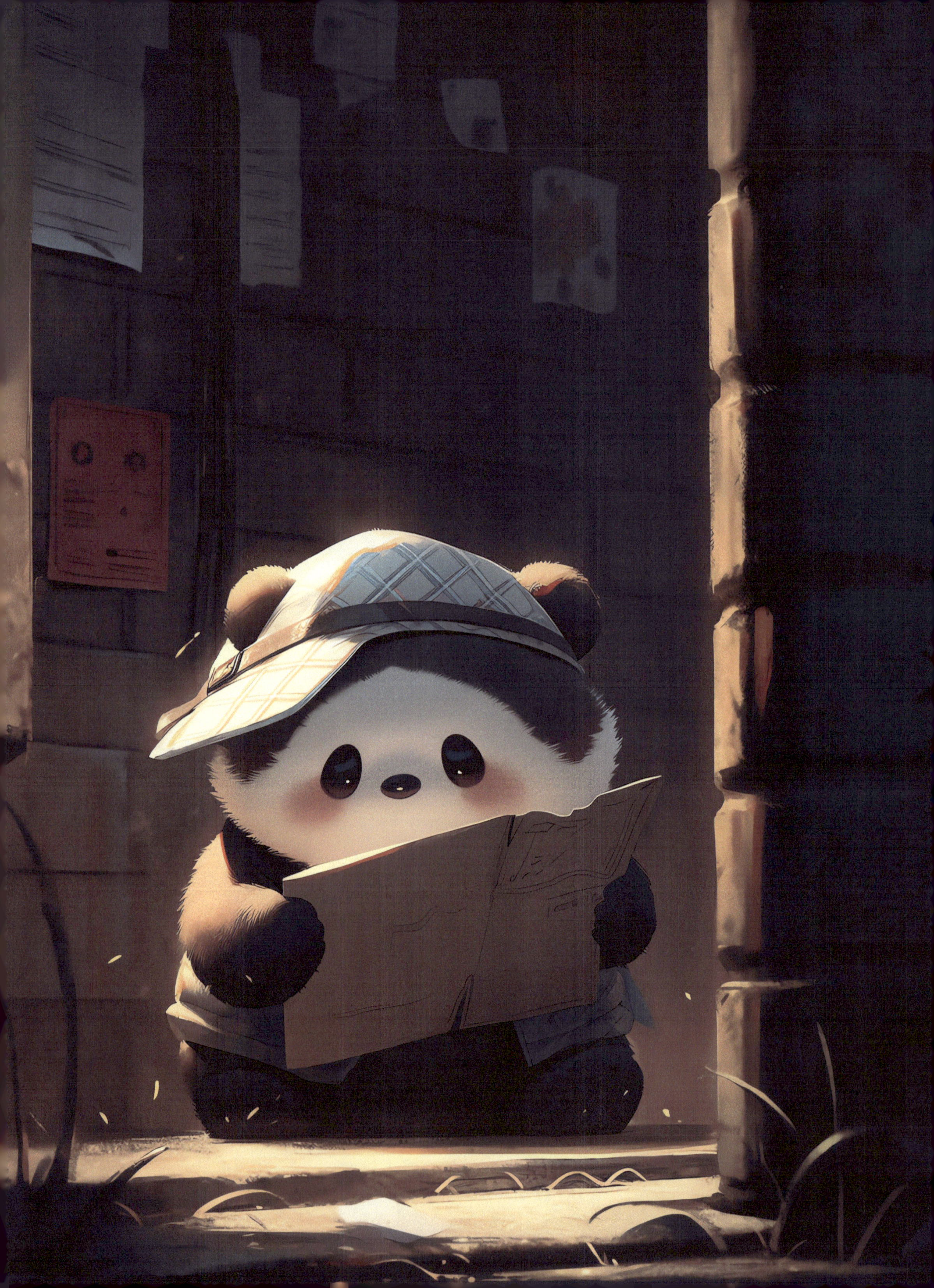

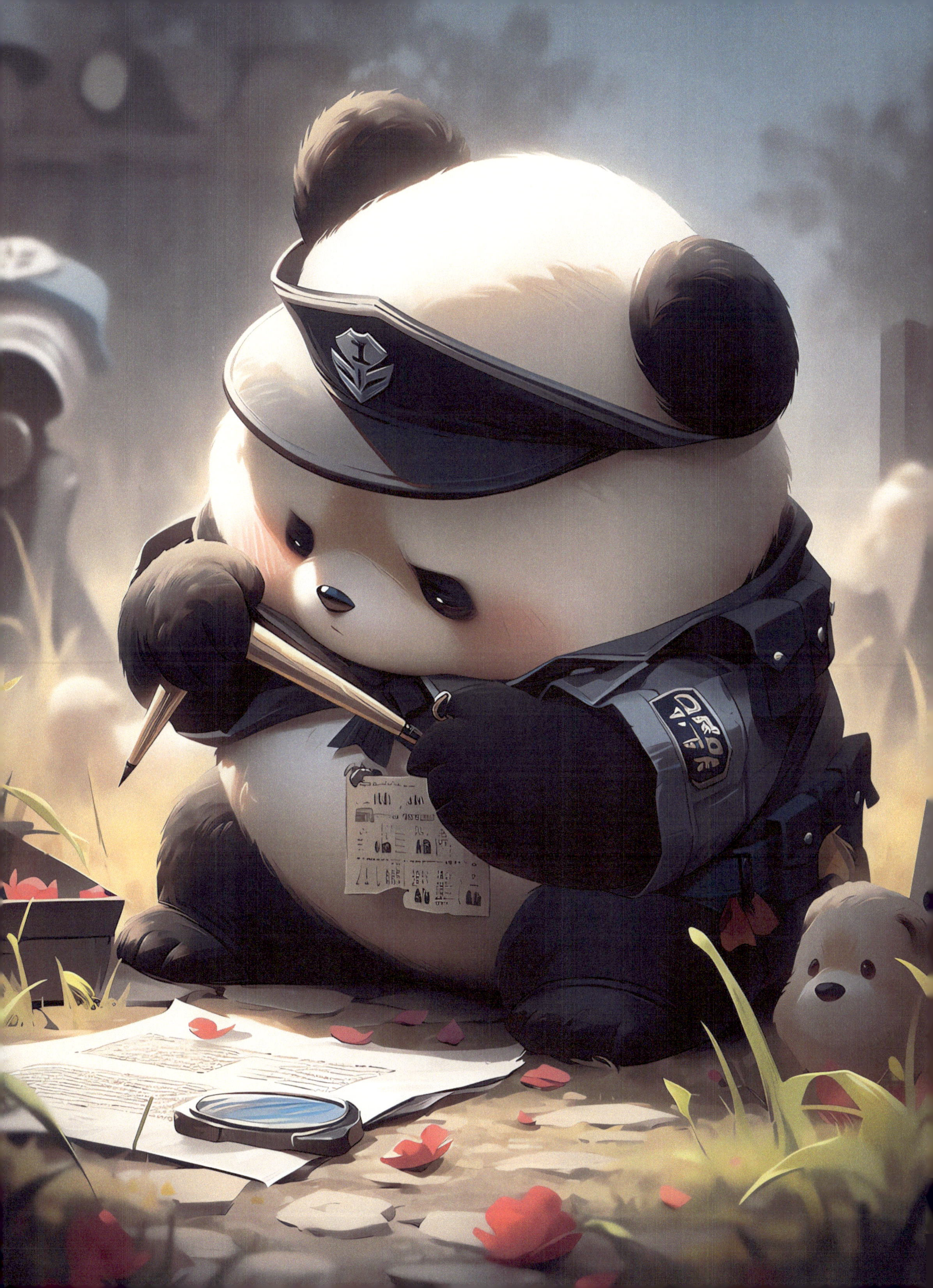

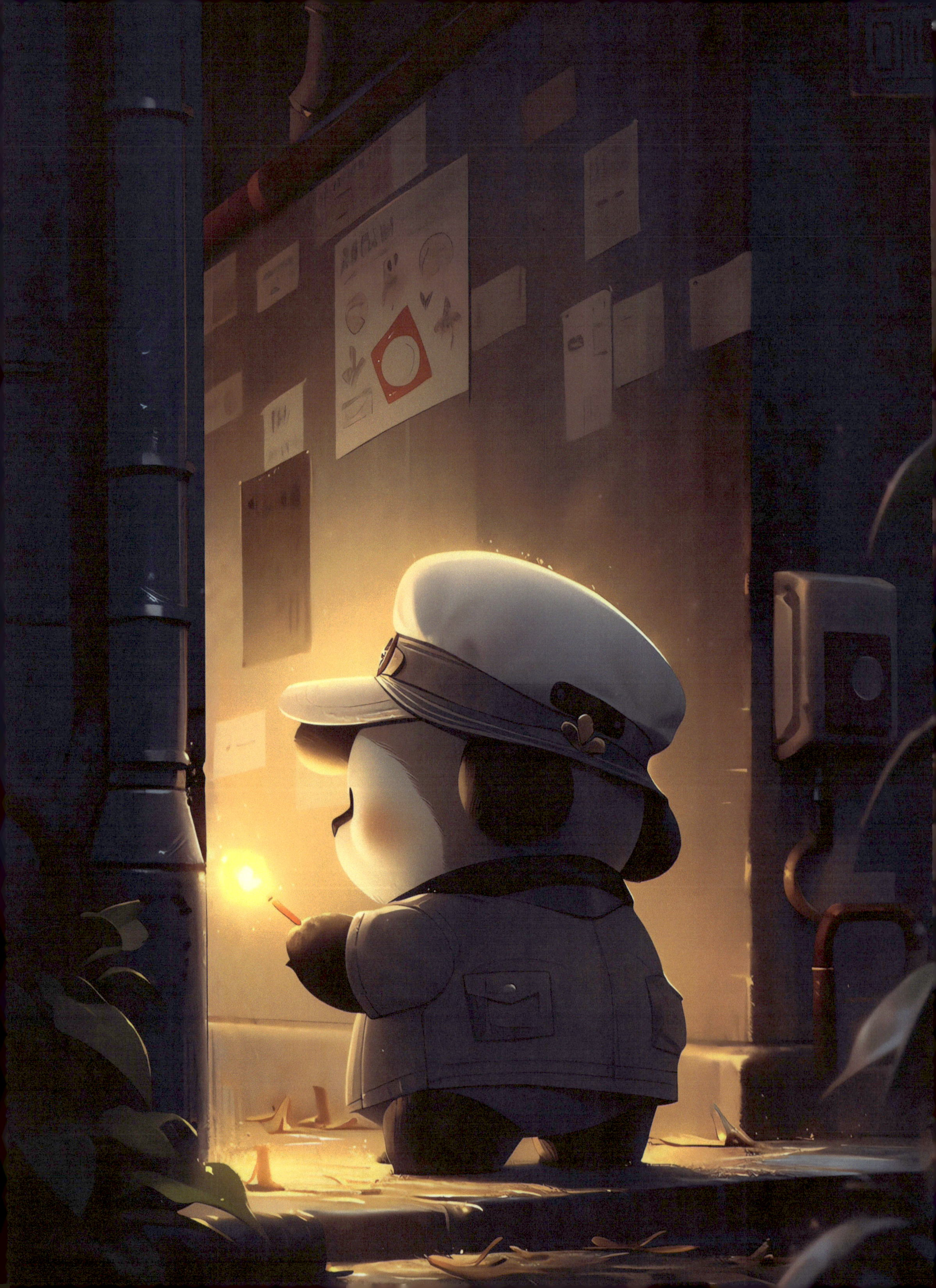

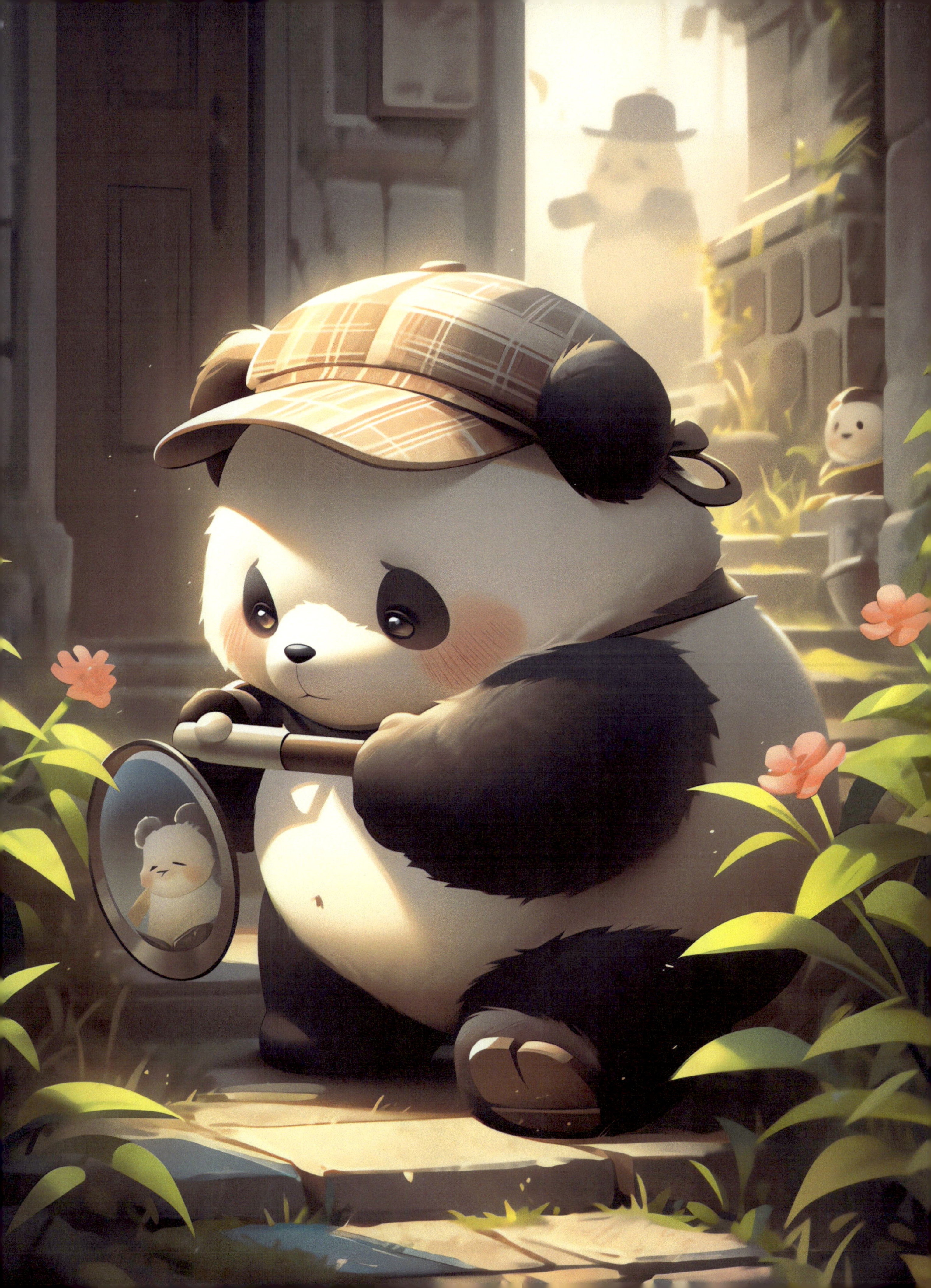

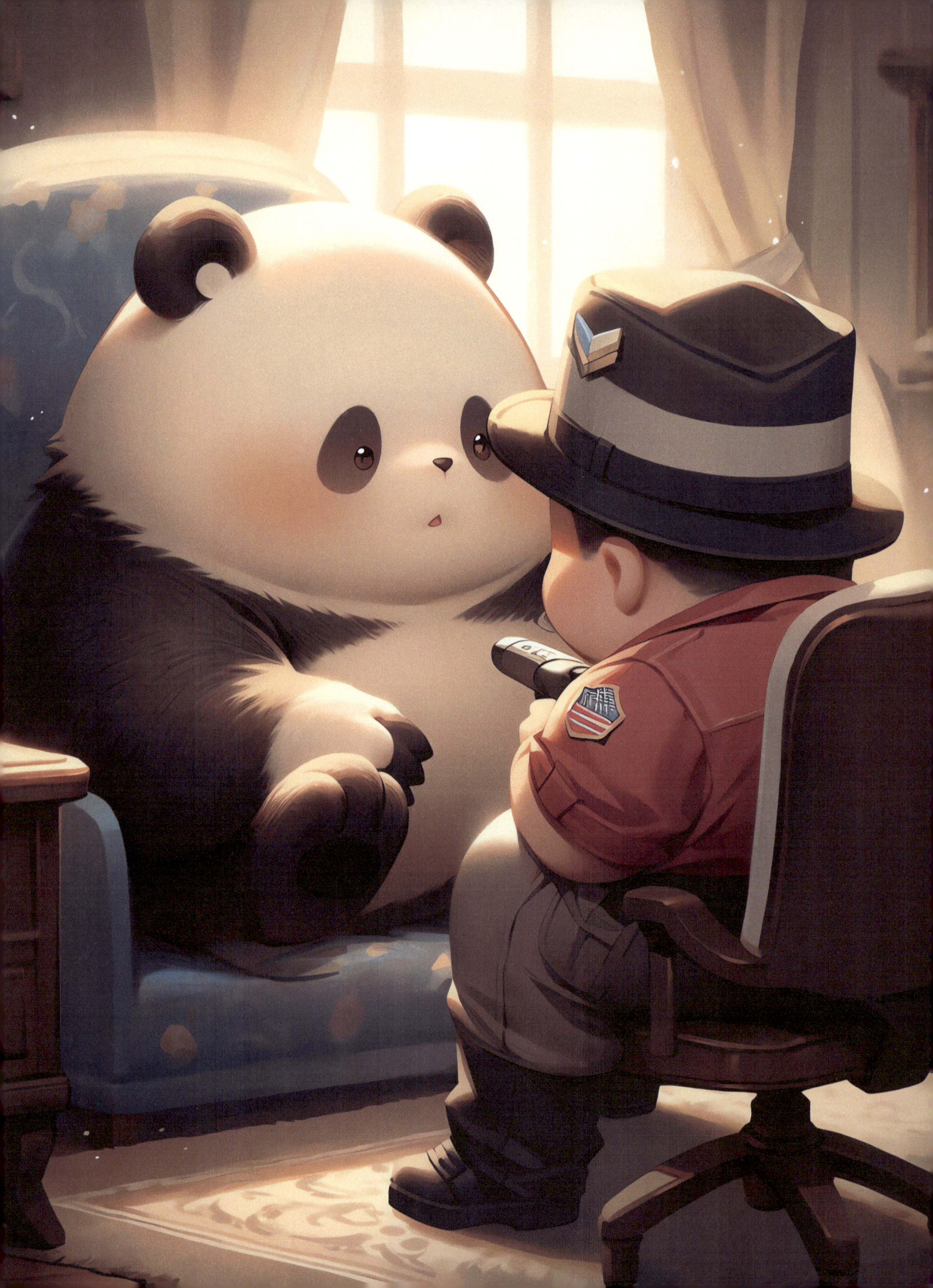

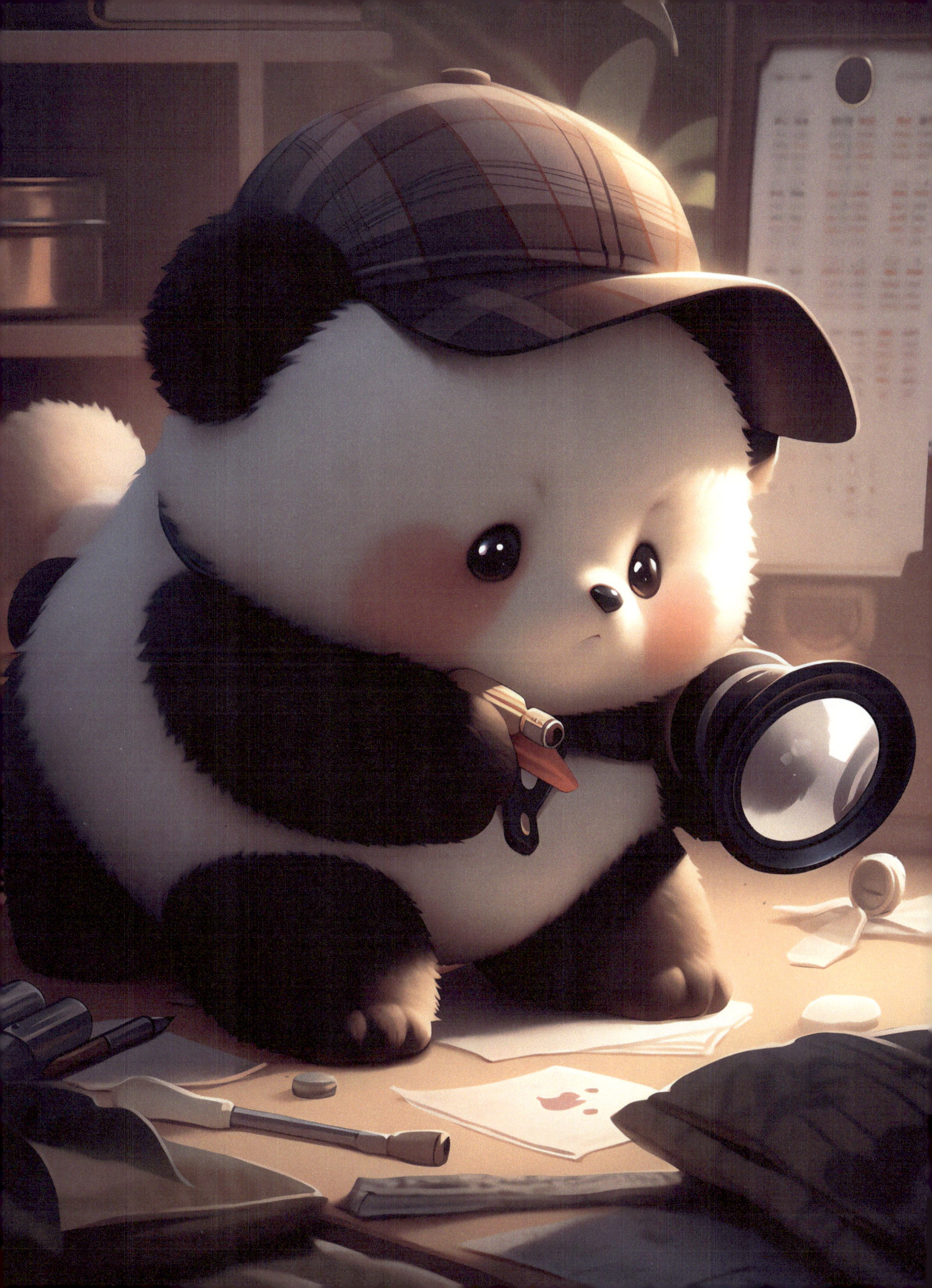

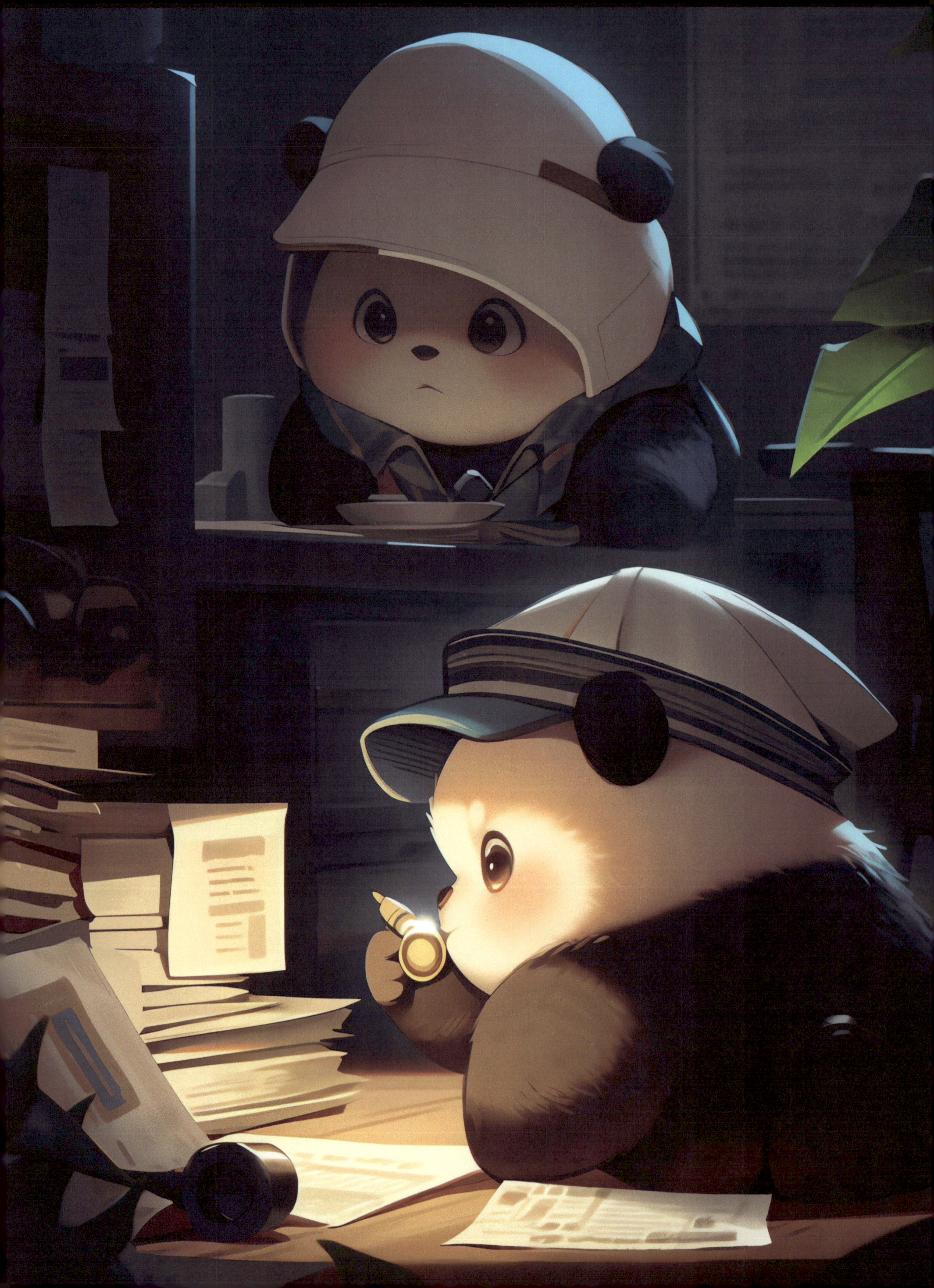

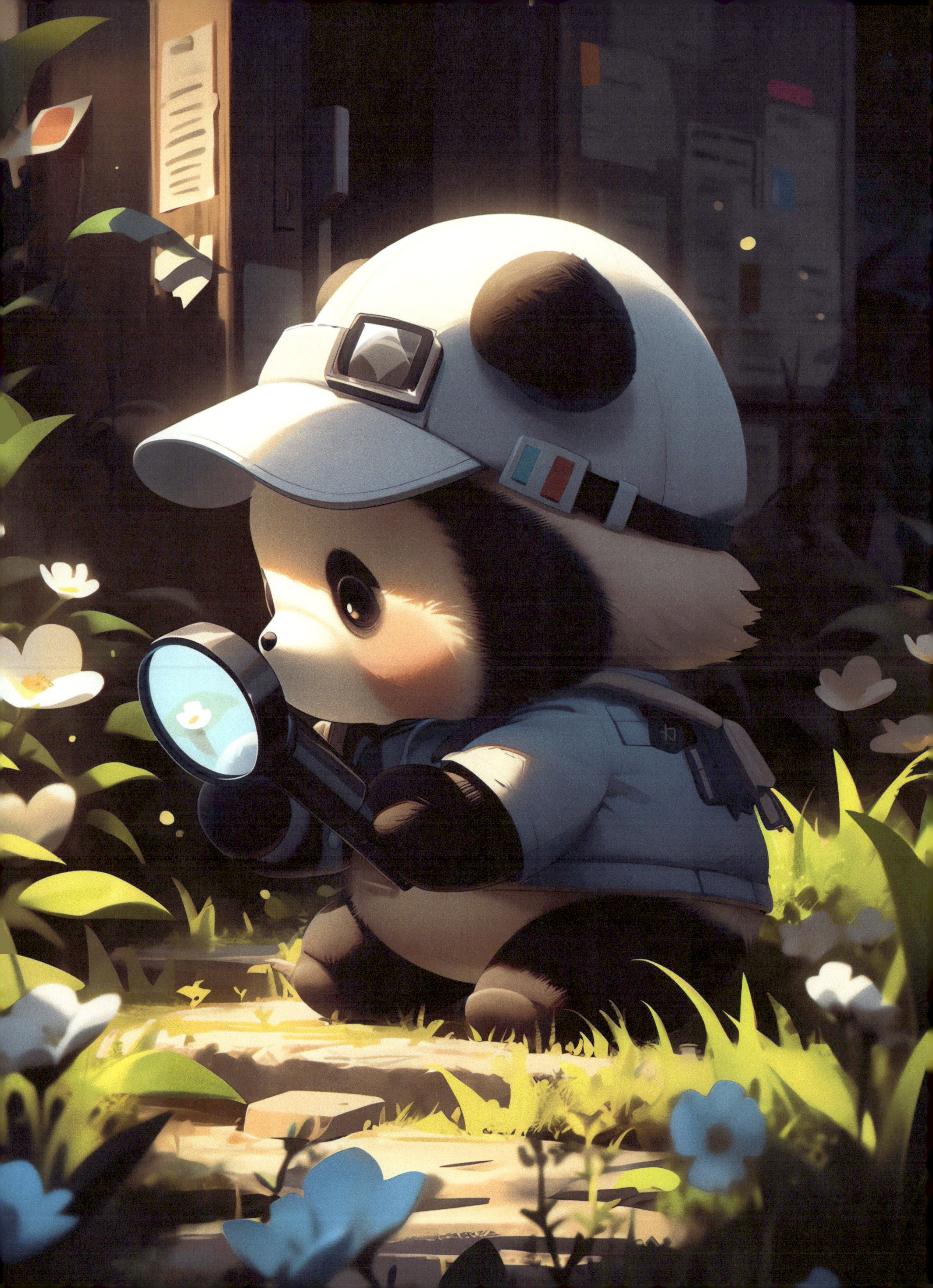

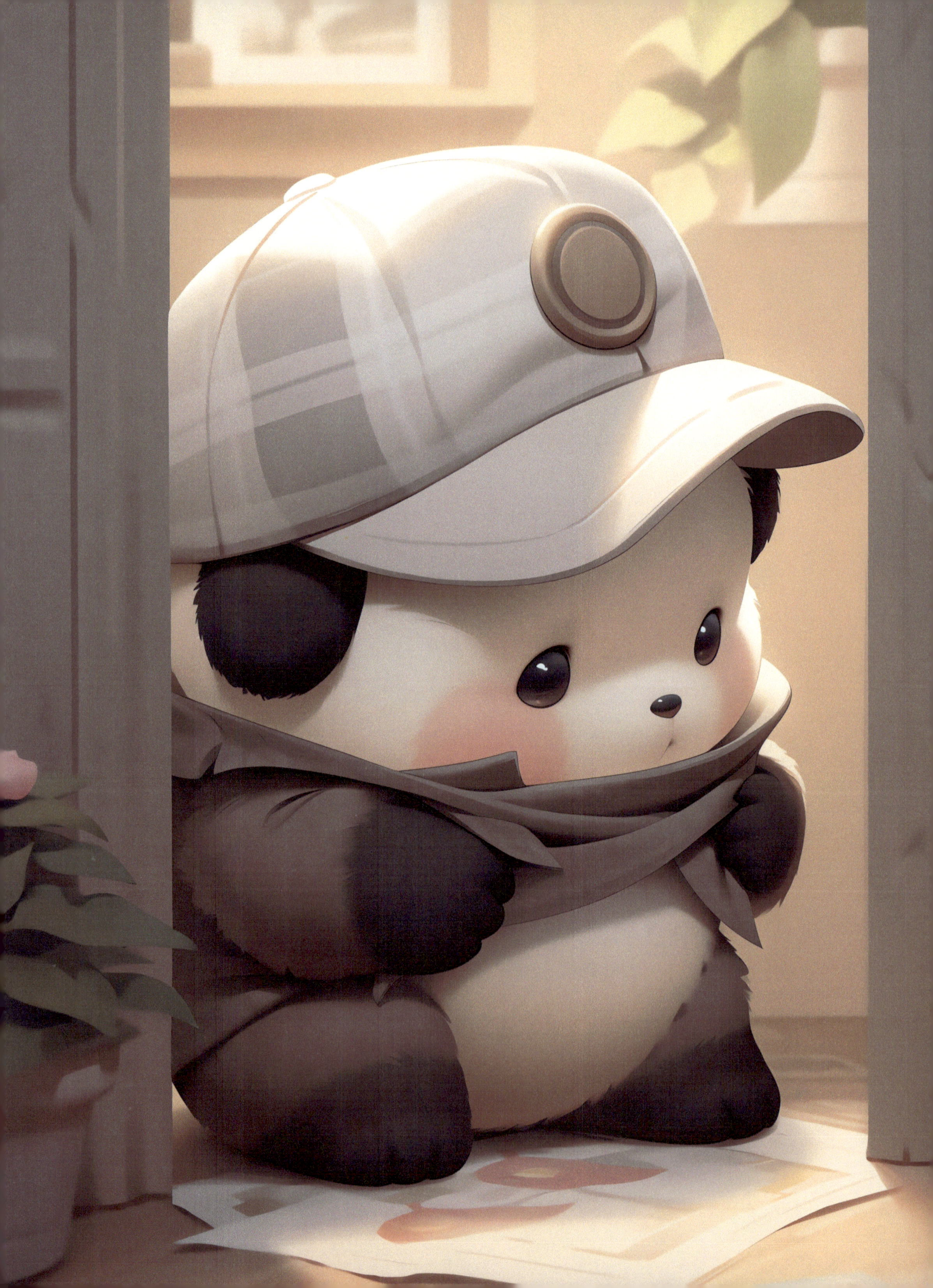

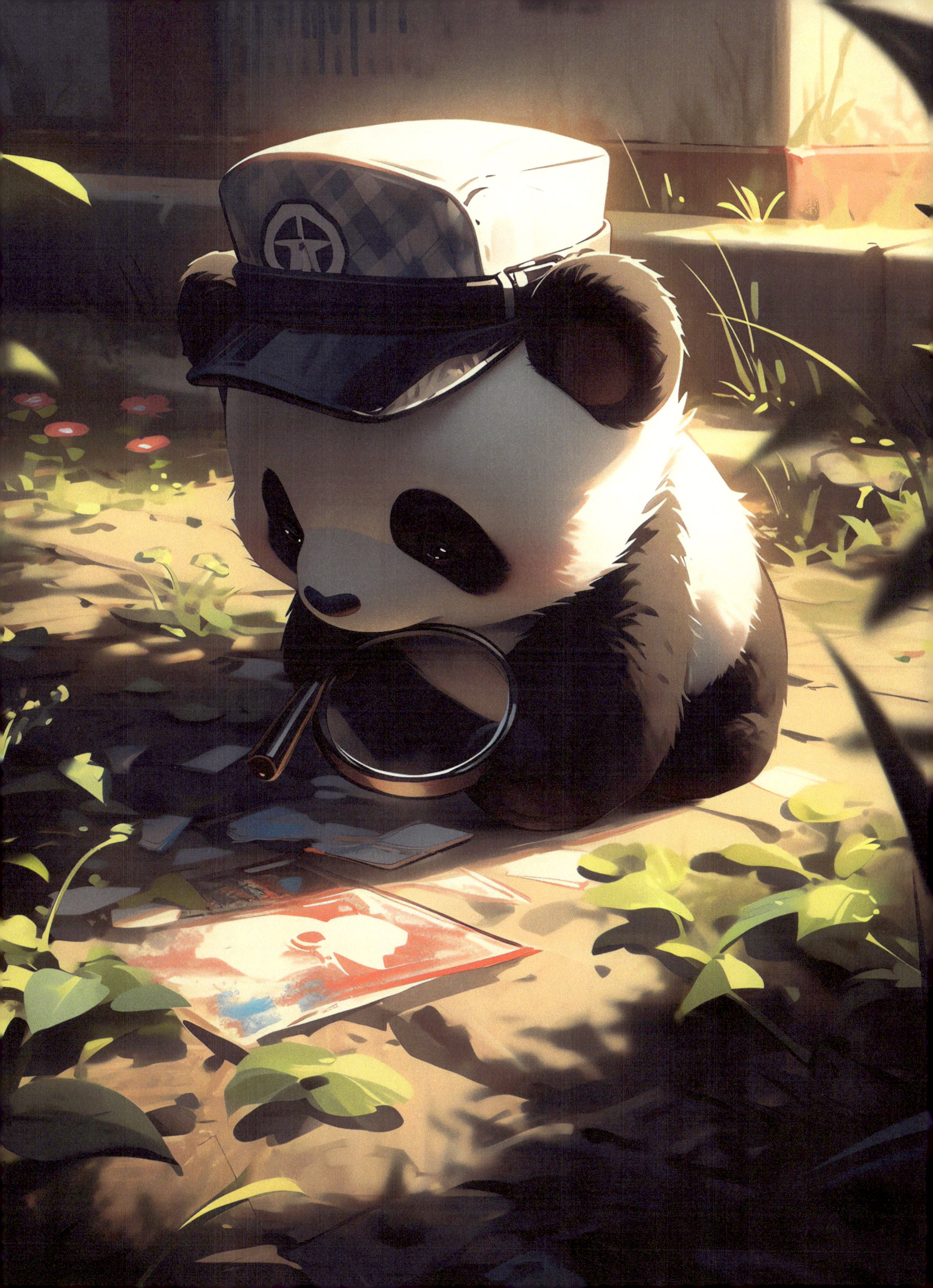

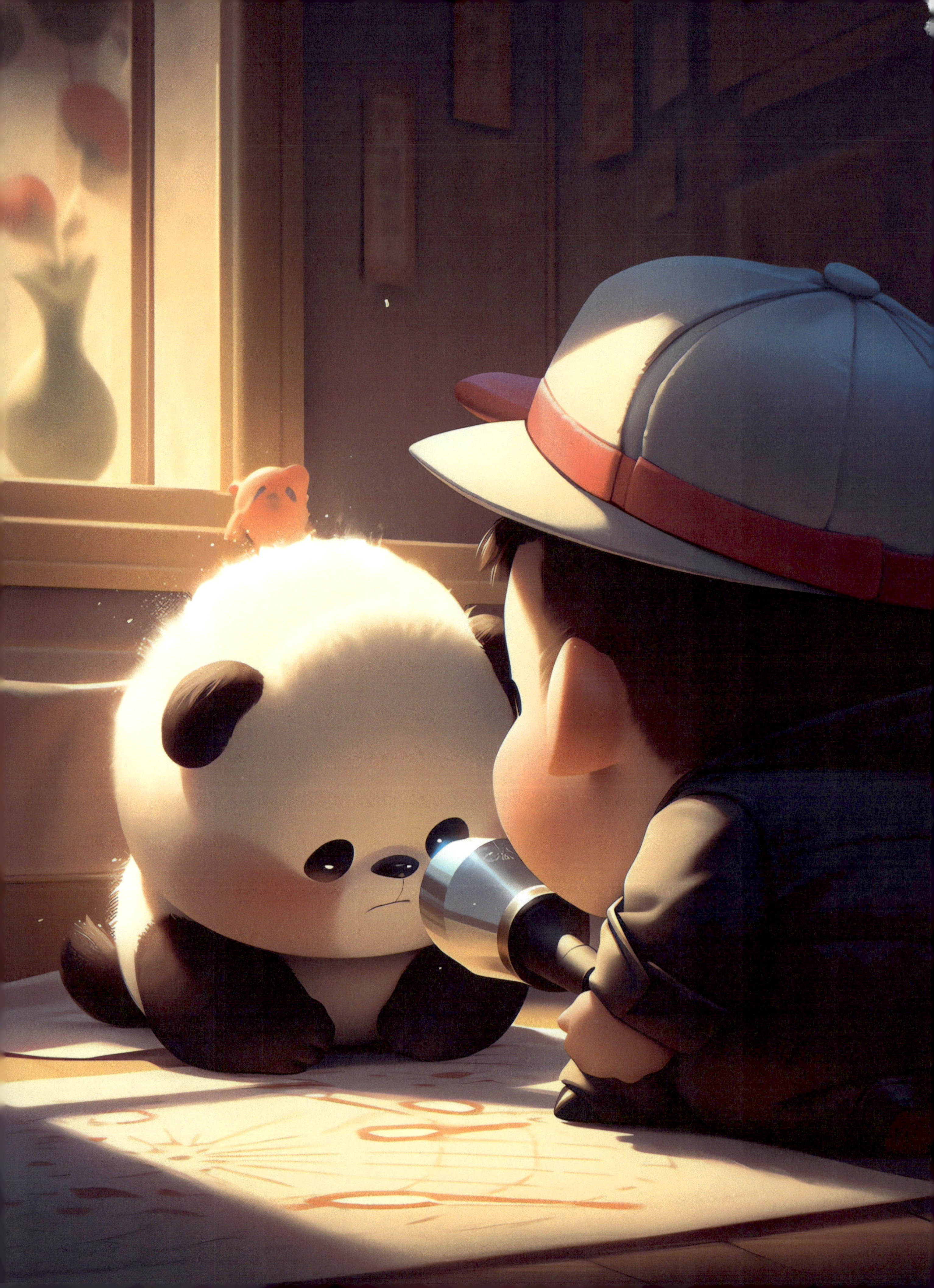

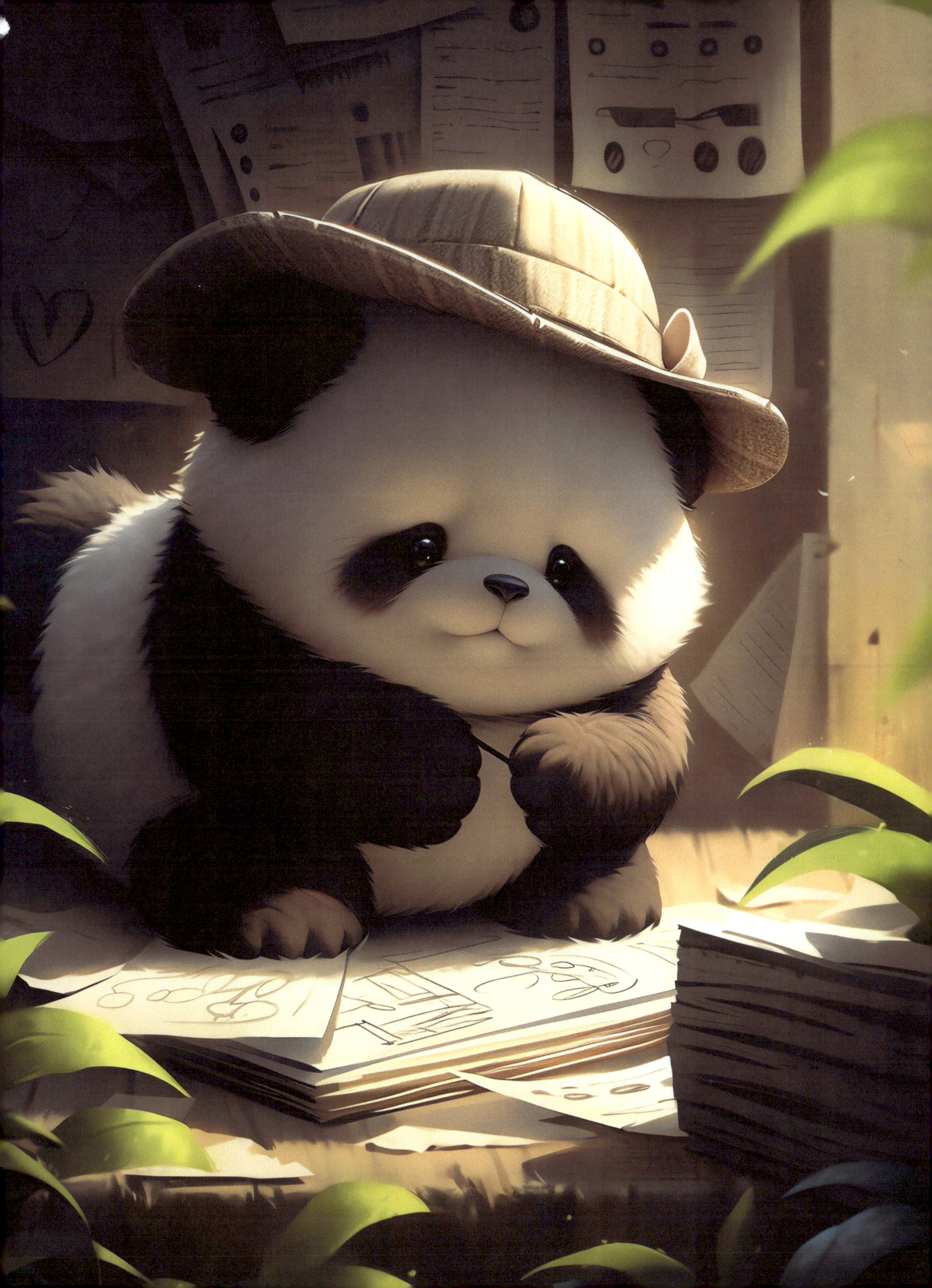

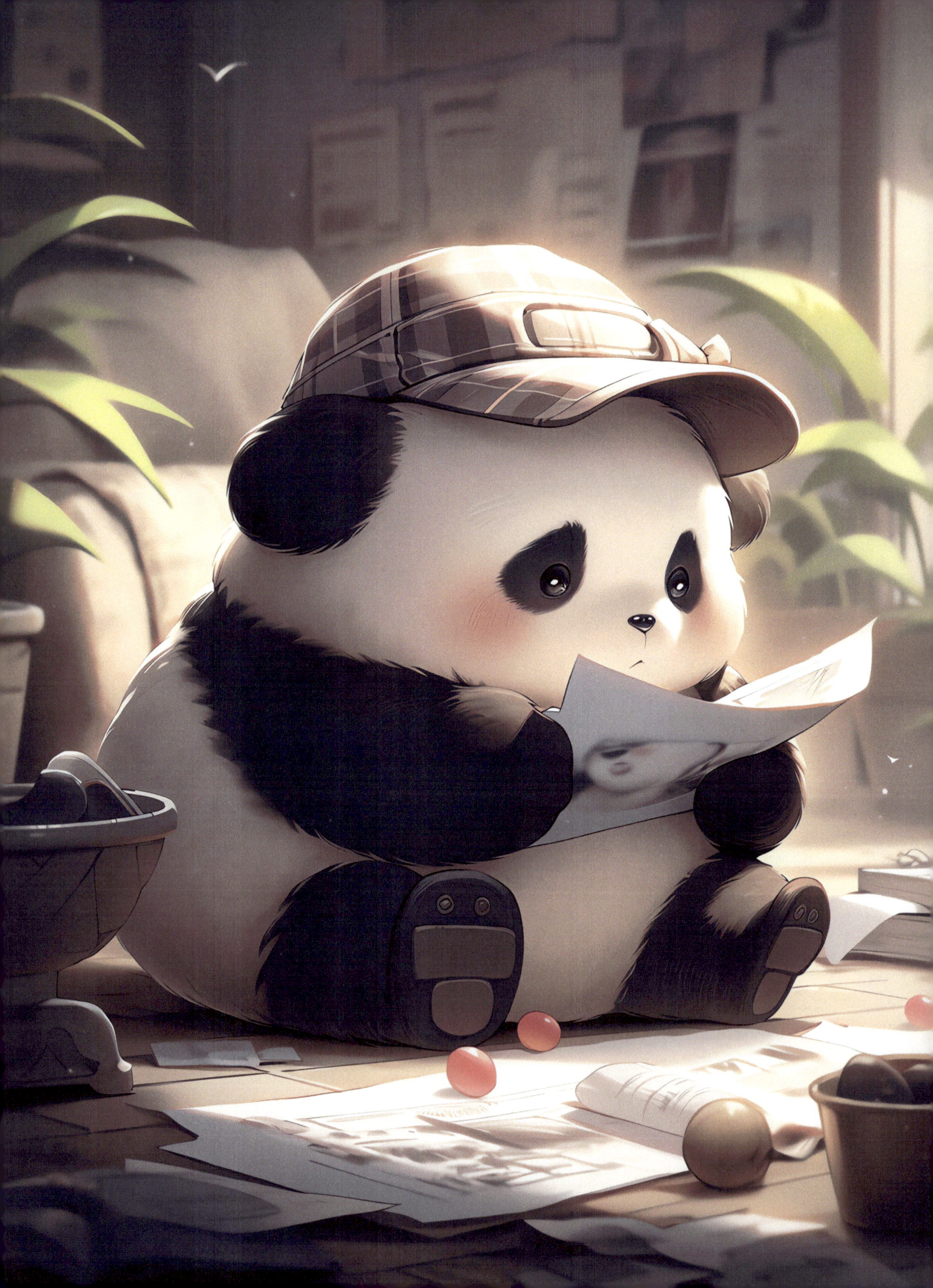

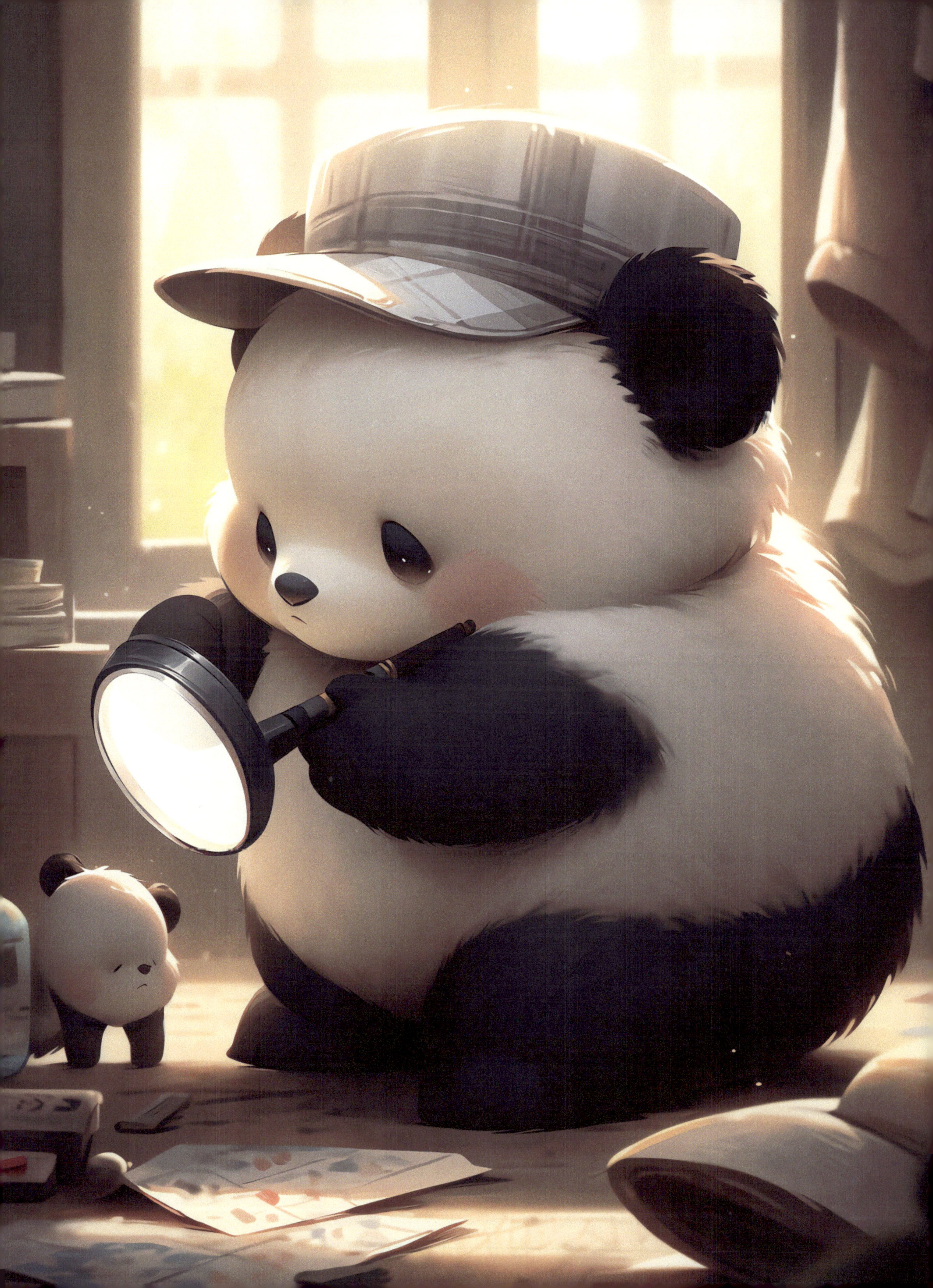

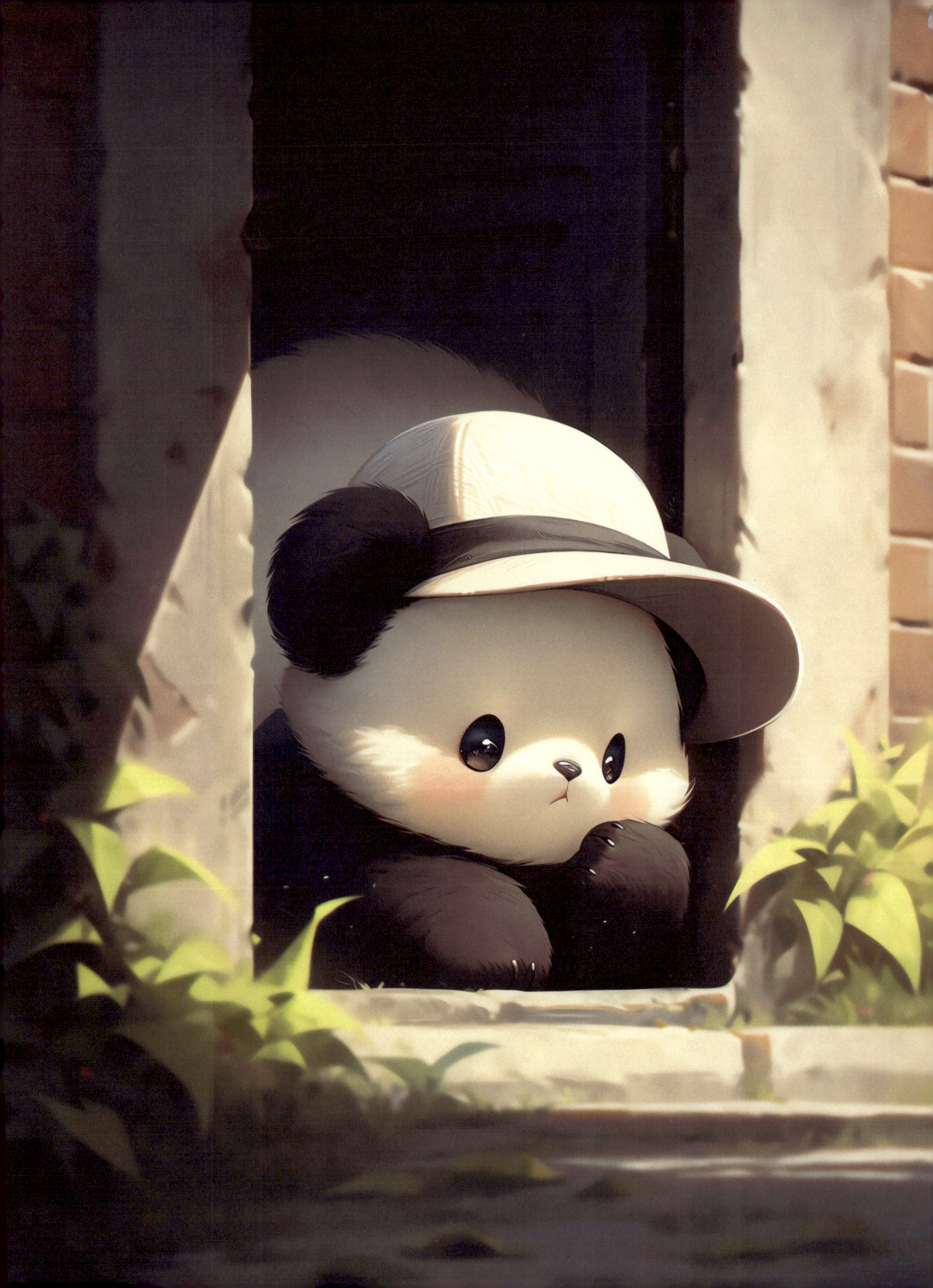

www.ingramcontent.com/pod-product-compliance
Lightning Source LLC
Chambersburg PA
CBHW040443220526
45473CB00004B/1509
* 9 7 9 8 3 0 1 2 0 0 5 4 0 *